Max Wentscher

Lotzes Gottesbegriff und dessen metaphysische Begründung

Max Wentscher

Lotzes Gottesbegriff und dessen metaphysische Begründung

ISBN/EAN: 9783743454231

Hergestellt in Europa, USA, Kanada, Australien, Japan

Cover: Foto ©Thomas Meinert / pixelio.de

Manufactured and distributed by brebook publishing software (www.brebook.com)

Max Wentscher

Lotzes Gottesbegriff und dessen metaphysische Begründung

LOTZE'S GOTTESBEGRIFF
UND DESSEN
METAPHYSISCHE BEGRÜNDUNG.

INAUGURAL-DISSERTATION

ZUR ERLANGUNG

DER PHILOSOPHISCHEN DOCTORWÜRDE,

WELCHE MIT

GENEHMIGUNG DER HOHEN PHILOSOPHISCHEN FACULTÄT

DER

VEREINIGTEN FRIEDRICHS-UNIVERSITÄT

HALLE-WITTENBERG

AM DONNERSTAG, DEN 27. JULI 1893

MITTAGS 12 UHR

ZUGLEICH MIT DEN ANGEHÄNGTEN THESEN

ÖFFENTLICH VERTEIDIGEN WIRD

MAX WENTSCHER

AUS GRAUDENZ.

OPPONENTEN:

HERR DR. PHIL. **H. GRASSMANN.**
HERR LIC. DR. PHIL. **C. CLEMEN.**

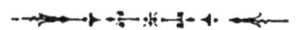

HALLE A. S.,
HOFBUCHDRUCKEREI VON C. A. KAEMMERER & CO.
1893.

MEINER MUTTER

IN LIEBE UND DANKBARKEIT

GEWIDMET.

> „Was wär' ein Gott, der nur von aussen stiesse,
> Im Kreis das All am Finger laufen liesse!
> Ihm ziemt's, die Welt im Innern zu bewegen,
> Natur in Sich, Sich in Natur zu hegen,
> So dass, was in Ihm lebt und webt und ist,
> Nie Seine Kraft, nie Seinen Geist vermisst."
> Goethe.

Es ist die von Lotze in seinem Philosophiren überall festgehaltene Grundüberzeugung, dass als genügender Grund für den Inhalt alles Seins und Geschehens einzig und allein das Gute gelten kann [1]). In dem, was sein soll, — nicht kraft irgend eines fremden Gebotes oder Fatums, sondern weil es sich ganz unmittelbar für uns mit höchster und unbedingter Werthschätzung verbindet, — liegt die letzte, tiefste Wurzel aller Wirklichkeit, der Mannigfaltigkeit ihrer Formen sowohl, als auch ihrer Gesetze.

Freilich war dieser Gedanke nicht neu in der Geschichte der Philosophie. Lotze theilt ihn, um von Plato ganz abzusehen, unter den Neueren vor allem mit J. G. Fichte [1]). — Allein der gleiche Gedanke kann doch sehr verschiedene Bedeutung haben je nach der Richtung und dem Stande der vorherrschenden Bildung eines Zeitalters. So ist es etwas ganz Anderes, von der Herrschaft des Guten, oder überhaupt eines idealen Inhalts, zu reden in einer Zeit, wo das Bewusstsein der Giltigkeit allgemeiner Gesetze, einer rücksichtslosen Naturnothwendigkeit alles Geschehens dem wissen-

---

1) Streitschrift gegen J. H. Fichte (Lpz. 1857), S. 54.

schaftlichen Denken den Stempel aufgedrückt hat, als in Zeiten, wo man sich begnügte, für das, was man erklären wollte, den bedeutungsvollen Sinn, die Idee, namhaft gemacht zu haben, der sich da hinein legen liess. — So lange die Welt und die Vorgänge in ihr als herrenloses Besitzthum gelten konnten, bedeutete es nicht viel, durch einen philosophischen Machtspruch dieser oder jener Idee die Würde eines Weltprinzips zuzuerkennen. Und ebenso leichtes Spiel beim Vergeben der Weltherrschaft hatte man im Bereich einer wissenschaftlichen Denkweise, die auf die schlechte empirische Wirklichkeit als eine blosse Erscheinung mit vornehmer Geringschätzung herabblickte, ohne sich mit ihrer Erklärung zu befassen, und die in der selbstgeschaffenen Welt der Ideen allein einen würdigen Gegenstand ihrer Untersuchungen erblickte. Erst da, wo diese Wirklichkeit im Vordergrunde des philosophischen Interesses steht, und wo dementsprechend auch ihre eigenthümliche Signatur, der mechanische Zusammenhang des Geschehens in ihr hervortritt: erst da heisst es etwas, die Alleinherrschaft des Idealen, des Guten zu behaupten und den ernsthaften Versuch anzustellen, diese Überzeugung gerade mit denjenigen Mitteln zu begründen und zu rechtfertigen, die ihr Licht und Leben zu rauben drohten. — Wir verstehen es daher, wie Lotze gelegentlich so bereitwillig auf das Verdienst der „Originalität" verzichten konnte, wenn man ihm nur das der „Genauigkeit" liess[1]).

Es verhält sich ebenso mit der weiteren Ueberzeugung, zu der jene Grundvoraussetzung seines Philosophirens ihn unmittelbar führt, der Ueberzeugung nämlich, dass die dem Inhalt des Höchsten oder der „Summe der sittlichen Ideen in Verbindung mit dem Genuss ihres Werthes" einzig angemessene Form der Existenz die eines persönlichen Gottes sei[2]). Auch dieser Gedanke, in dem er sich vor allem mit Weisse berührt, erhält seine Bedeutsamkeit hier

---

1) Streitschr. S. 5.
2) Streitschr. S. 57.

erst durch die neue Heimat, in die er gebracht ist, eben die Welt des Mechanismus, der Naturnothwendigkeit, in der doch nach allen hergebrachten Vorstellungen der naiven Weltanschauung für ihn kein Platz zu sein scheint.

Allein, was uns an dieser Vereinigung des scheinbar völlig Unvereinbaren etwa befremdlich anmuthet, wird uns sogleich näher gerückt durch eine andere allgemeine Ueberzeugung, die ebenfalls unmittelbar in dem ethischen Grundgedanken des Ganzen wurzelt. Wiederholt und lebhaft wird es ausgesprochen, dass der Streit zwischen der mechanischen Anschauung der Dinge und der ethisch-religiösen Weltansicht des Gemüthes nur „eine unnöthige Qual ist, die wir durch zu frühes Abbrechen der Untersuchung uns selbst zufügen",[1] — dass also die mechanischen Vorstellungsweisen der Naturwissenschaft „noch nicht die Schlussgewebe der Fäden sind, die sich in der Wirklichkeit verschlingen. Auch sie laufen vielmehr für einen schärferen Blick in dasselbe Gebiet des Uebersinnlichen zurück, dessen Grenzen man umgehen möchte[2]."

Aber hieraus wird nun sogleich eine praktische Consequenz gezogen: Ist diese Welt und ihre innere Einrichtung als Ganzes wirklich von der Idee des Guten beherrscht, und dürfen wir danach gewiss sein, dass uns die Ergebnisse der Wissenschaft niemals in unaufheblichen Streit mit dem bringen werden, was unser Gemüth sich nicht rauben lassen will und darf, so werden wir die Wege der mechanischen Wissenschaft nur zuende zu gehen haben, um jenen scheinbaren Widerstreit von selbst sich aufheben zu sehen und zugleich ein sicheres Fundament zu gewinnen für eine Weltanschauung, in welcher auch den tief innersten Bedürfnissen des Gemüthes ihr Recht wird! — Und dies ist denn auch in der That der eigentliche Sinn des Unternehmens, dem der „Mikrokosmos" gewidmet ist, und das auch die spätere

---

[1] Mikr. I. Einl. S. X. — (Der Mikrokosmos ist nach der 4. Auflage citirt!)
[2] Ebenda S. XI. —

„Metaphysik" wieder aufnimmt: Eben der Begriff des Mechanismus, der am feindseligsten jeder idealistischen Weltauffassung entgegenzustehen schien, wird zum Ausgangspunkte der Untersuchungen gewählt, die zuletzt gerade Das zu stützen dienen sollen, dessen Bestand sie bedrohten. — Denn „Mechanismus" ist nach Lotze garnichts anderes, als der allgemeingesetzliche Wirkungszusammenhang der Weltelemente, dessen Begriffszergliederung ihn nachher zur Annahme der Wesenseinheit aller dieser Elemente in dem Einen Absoluten führt[1]).

Und dieser Ausgangspunkt ist keineswegs ein so gleichgiltiger oder fremdartiger, als er auf den ersten Blick scheinen möchte. Vielmehr war es die Meinung unseres Philosophen, dass, wenn auch nicht die einzelnen Gesetze des Zusammenhanges der Dinge aus dem höchsten Weltinhalt ableitbar sein mochten, doch das Ganze dieser Gesetze, d. h. eben der Mechanismus, nur begreiflich sei in einer Welt, deren letztes Prinzip ein ethisches ist[2]). Denn allgemeingesetzlicher Zusammenhang der Ereignisse ist ihm geradezu die Bedingung alles in die Wirklichkeit hinübergreifenden Wollens und Handelns, und somit der Bethätigung ethischer Wesen[3]). — Nur freilich denkt er sich diesen mechanischen Zusammenhang nicht so, wie die moderne Naturwissenschaft, ihr Gebiet und jede mögliche Erfahrung überschreitend, ihn aufzufassen vielfach geneigt ist, als ob nämlich alles Geschehen blos die nothwendige, eindeutig bestimmte Folge der vorangegangenen Phasen des Weltlaufes sei, und als liesse sich folgerecht mit Hilfe einer sogenannten „Weltformel[4])," wenn einer sie nur kennte, jeder vergangene oder künftige Gesammtzustand der Welt genau

---

1) Vgl. Streitschr: S. 94 und ebenso S. 57, sowie Gesch. d. Aesthetik, S. 133 f!
2) Streitschr: S. 57.
3) Vgl. z. B. Mikr: III. S. 619.
4) Vgl. den „Laplace'schen Geist" in Dubois-Reymonds „Grenzen des Naturerkennens"! (6. Aufl. S. 13 ff.)

berechnen. Lotze hält vielmehr freie Anfänge des Geschehens für **möglich** und nimmt es geradezu für den eigentlichen **Sinn** des Weltzusammenhanges in seiner Allgemeingesetzlichkeit, dass er darauf eingerichtet sei, freien Willensregungen geistiger Wesen einen wirksamen Erfolg in der Wirklichkeit zu sichern. Denn wenn es nicht allgemeingesetzlich feststände, welche in die Wirklichkeit hinübergreifende bestimmte Wirkung mit diesem oder jenem Willenszustand verbunden ist, so wäre überhaupt kein berechnetes Wollen und Handeln möglich; und die **Freiheit** persönlich Geister, die Lotze als den „durchaus **fundamentalen Punkt**" seiner Weltansicht bezeichnet[1], würde ihre ethische Bedeutung, die „conditio sine qua non für die Erfüllung sittlicher Gebote"[1] zu sein, vollständig verlieren. — In diesem Sinne konnte er die **Stiftung des Mechanismus** mit Recht als die „erste ethische That des Absoluten" hinstellen und diesem Begriffe ein Interesse zuwenden, dass er als blosse Maschinerie eines nach der Weisung einer „Weltformel" nur blindlings ablaufenden Automaten niemals beanspruchen könnte. —

So ist er denn auch weit davon entfernt, in den Gesetzen des mechanischen Verlaufes der Dinge ein überweltliches Verhängniss zu sehen, dem auch das Absolute sich hätte fügen müssen. Weder diesen Dualismus, der an ein selbständiges Reich allgemeiner **Gesetze** neben und über dem Einen, allumfassenden Weltgrunde glaubt, erkennt er an, noch auch den anderen, der über die Vorstellung einer von Anfang her unabhängig für sich bestehenden, blinden **Stoffwelt** nicht hinwegkommt. Vielmehr beruht ihm die ganze uns als so beharrlich gegebene Wirklichkeit der Weltelemente, sowie auch der Gesetze, denen sie folgen, einzig

---

1) Rel. phil. v. 75, § 59. (Die Vorlesungsdictate sind durchweg nach der Jahreszahl der betreffenden Semester citirt, in denen die Vorlesungen gehalten worden. An Stelle der Seitenzahlen citire ich die **Paragraphen**, um auch die Benutzung **geschriebener** Dictathefte zu ermöglichen!)

und allein auf der beständigen, activen Regsamkeit des Einen Absoluten; nichts Wirkliches könnte je aus der Sphäre dieser inneren Regsamkeit des Einen ganz heraustreten, ohne in demselben Augenblick allen Zusammenhang mit der Wirklichkeit überhaupt zu verlieren, also aufzuhören. wirklich zu sein. —

So stellt sich diese Weltansicht denn als ein consequenter ethischer Monismus dar: das Gute, nicht als leere, abstracte Idee, sondern als wirksamer Weltgedanke des persönlichen Gottes, beherrscht die gesammte Gestaltung der Wirklichkeit und ist der tiefste Grund des Daseins ihrer Formen, wie ihrer Gesetze. Die uns gegebene Welt der Erfahrung erscheint hier recht eigentlich darauf angelegt, als Schauplatz für die Bethätigung freier, persönlicher Geister zu dienen. Das Ganze ist durchaus anthropocentrisch gedacht; das „volle, warme, concrete Leben, das Leben, in welchem empfunden, gefühlt, genossen und gehandelt wird", steht hier im Vordergrunde, für „Wesen, die etwas fühlen und erfahren", ist die Welt da [1]), und nicht, wie bei Schelling und Hegel, nur als Corso für den feierlichen Aufzug von Ideen mit dem Gepränge ihrer dialektischen Entwickelungen, noch, wie bei den Materialisten, als Tummelplatz starr gesetzlicher Bewegungen und Stösse blinder stofflicher Elemente. Nach beiden Seiten führt der Mikrokosmos unablässig den Kampf, hier gegen die Ueberschätzung und götzendienerische Verehrung dessen, was doch nur als Mittel zum Zweck Werth und Wirklichkeit haben kann, dort gegen die souveräne Geringschätzung der Formen und des mechanischen Zusammenhanges der Wirklichkeit und die einseitige Bevorzugung der idealen Bedeutsamkeit der Dinge, welche, je mehr sie die in der Erfahrungswelt gegebenen Mittel der Realisirung aller Ideen und Zwecke ausser Acht liess, um so mehr auch jede Fühlung mit dem Leben und seinen praktischen Interessen verlieren musste, wodurch sie denn den uns einzig annehm-

---
1) Vgl. Gesch. d. Aesth.: S. 136!

baren **ethischen** Gesichtspunkt der Weltbetrachtung wiederum zu Gunsten eines unserem wahren Wesen fremdartigen, Fatum-ähnlichen, logisch-ideellen verschob.

Wir haben im Bisherigsn die leitenden Gedanken und die Hauptzüge der Lotze'schen Weltansicht charakterisirt, ohne dabei der Lehre von der **Beseeltheit der Dinge** Erwähnung zu thun, die man gewöhnlich als einen der wichtigsten Punkte dieser Weltansicht darstellt. Hierüber kurz noch einige Bemerkungen: Es ist zweifellos, dass diese spiritualistische Lehre zu den ursprünglichen Lieblingsmeinungen unseres Philosophen gehörte, in der „**Medicinischen Psychologie**" spricht er es unumwunden aus, dass er sie für „die allein richtige" hält[1]) und vertritt sie auch in der „**Streitschrift**" mit allem Nachdruck[2]), und ebenso im ersten Bande des „**Mikrokosmos**."[3]) Im dritten Bande dagegen tritt an Stelle der bestimmten, **positiven Entscheidung** für jene Ansicht schon die **Alternative** hervor, dass „die Dinge entweder **nichtsein** oder **anderssein** müssen als sie bisher gedacht wurden"[4]); dass sie also entweder nur Erscheinungen in den Geistern sind oder aber selbst Wesen, „die mit den Geistern den allgemeinen Charakter der Geistigkeit, das Fürsichsein, theilen"[5]); doch wird hier noch die letztere Ansicht für „wahrscheinlicher" erklärt[6]). Die „**Metaphysik**" v. 79 zeigt eine ähnliche Haltung, jedoch schon mit immer deutlicher werdender Hinüberneigung zu der ersteren Ansicht, und die Dinge, speciell die **Atome** sind nichts anderes mehr, als „**elementare Actionen des einen Seienden**"[7]); für „unaufheblich" gehalten wird nur „das Dasein geistiger Wesen" und dann „die Einheit des

---

1) S. 55.
2) Vgl. z. B. S. 105.
3) S. 405 ff.
4) S. 547; 8.
5) S. 548; vgl. auch S. 531 ff.
6) S. 536.
7) S. 186 ff. und ebenso S. 381 f.

wahrhaft Seienden"[1]), und zuletzt wird es geradezu ausgesprochen, dass die einzelnen Seelen, die zwar auch „nur Actionen des Einen wahrhaft Seienden" sind, doch „bevorzugt" seien „durch die wunderbare keiner Einsicht weiter erklärbare Fähigkeit, sich selbst als thätige Mittelpunkte eines von ihnen ausgehenden Lebens zu fühlen und zu wissen".[2]) Deutlicher noch heisst es in „Alter und neuer Glaube[3])": ich würde in diesem (d. i. dem Atom) nur den Ausdruck einer ewig gleichförmig unterhaltenen Action des einen Weltgrundes sehen, dazu bestimmt, als unwandelbarer Beziehungspunkt in dem Spiele gesetzmässiger Ereignisse zu dienen, in der Seele dagegen die nicht ewig unterhaltene, sondern an bestimmten Punkten des Weltlaufes beginnende Action, welche für einen Abschnitt desselben ein früher nicht vorhanden gewesenes Centrum der Verinnerlichung erzeugt".

Nach alledem kann die Behauptung einer Beseeltheit aller Dinge als letztes Wort Lotze's in dieser Angelegenheit jedenfalls nicht gelten. Obschon sie ursprünglich ganz offenbar eine seiner Lieblingsansichten ist, — die übrigens zum grossen Teil durch äthetische Reflexionen mitbeeinflusst erscheint, — und obschon er sie gegenüber der materialistischen Annahme eines unabhängig und selbständig Seienden von blos stofflicher Natur unerbittlich vertheidigt und festhält[4]), tritt dennoch diese Ansicht allmählich immer mehr in den Hintergrund bei ihm und zwar in demselben Masse, als der metaphysische Begriff des Einen, allumfassenden Unendlichen weiter ausgebildet wird und je mehr der Gedanke, dass alles Wirken eines Einzelwesens doch nur als „Action" dieses Unendlichen zu Stande kommen kann, an Festigkeit und Zuversicht gewinnt. — Mehr, als „eine Aussicht in un-

---

1) S. 186; vgl. auch schon Mikr. III. S. 623.
2) Met. v. 79: S. 601 f.
3) Kleine Schr:. S. 430.
4) Vergl. Mikr. I. S. 408. —

endliche Fernen"¹) hat diese Behauptung einer durchaus beseelten Welt überhaupt niemals bezeichnen sollen; diese ganzen Gedankenkreise sind nirgend Grundlagen weiterer, davon abhängiger Spekulationen, sondern nur „Ansichten, die das Gebiet unserer Untersuchungen seitwärts begrenzen²)." Allerdings gesteht er gelegentlich³), es sich „als die Wahrheit der Sache" zu denken, dass „die Gesetze der physischen Erscheinungen aus der Natur der geistigen Regsamkeit hervorgehen, die im Innern der Dinge verborgen ihr wahres Wesen und der einzige Quell aller ihrer Wirksamkeit ist"⁴); allein die hier eröffnete Perspective verliert alle Bedeutung, sobald wir die im Folgenden⁵) vorgetragene Ansicht hier schon vorwegnehmend, „alles Geschehen, welchen Namen es tragen mag, nur als die innere Regsamkeit eines einzigen Unendlichen" betrachten; denn damit fällt jeder Anlass hinweg, für die Erklärung der von dem Einzeldinge ausgehenden Wirkungen neben der Thätigkeit des Unendlichen noch eine solche der eigenen inneren Naturen der Dinge anzunehmen. —

Sehen wir also von diesem Gedanken der Allbeseeltheit ab, auf den Lotze selbst in seiner späteren Entwickelung augenscheinlich immer weniger Werth legt, und der sich aus dem Gesammtgefüge dieser Weltanschauung auch ohne Schwierigkeit herauslösen lässt, so tritt der einheitliche Grundzug des ganzen architektonischen Kunstwerkes, das wir hier vor uns sehen, der pan-ethische Charakter rein und klar hervor. Der Mikrokosmos⁶) fasst ihn in die Worte zusammen: „das wahrhaft Wirkliche, das ist und

1) Mikr. I. S. 409.
2) Med. Psychol: S 132.
3) Mikr. I. S. 409. —
4) Der ganze Zusammenhang dieser Stelle lässt nur die Deutung auf das individuelle geistige Leben des Einzeldinges zu, nicht auf die in ihm gegenwärtige Regsamkeit des Unendlichen, von der erst an späterer Stelle die Rede ist.
5) Mikr. I. S 430.
6) Mikr: III. S 623.

sein soll, ist . . . . der lebendige persönliche Geist Gottes und die Welt der persönlichen Geister, die er geschaffen hat. Sie allein sind der Ort, in welchem es Gutes und Güter gibt; für sie allein besteht die Erscheinung einer ausgdehnten Stoffwelt, durch deren Formen und Bewegungen sich der Gedanke des Weltganzen der Anschauung jedes endlichen Geistes zu seinem Theile verständlich macht".

Einen ganz anderen, wesentlich nüchterneren Eindruck empfangen wir, wenn wir aus den weiten, aussichtsreichen Hallen dieses Weltgebäudes hinabsteigen in die Region der metaphyschen Fundamente, auf denen das Ganze ruht. Hier ist jedes ästhetische Moment, jeder Bezug auf die leitende ethische Idee geflissentlich vermieden, und, entsprechend der Aufgabe, die diesen Theilen des Gebäudes zukommt, Alles lediglich auf Solidität und Tragfähigkeit angelegt. Das Interesse strenger, geschlossener Wissenschaftlichkeit scheint hier ganz allein zu walten; nicht mehr von der idealen Bedeutung des Mechanismus ist die Rede, sondern von der empirischen Thatsache seines durchgehenden Geltens in allem wirklichen Geschehen, gleichviel, ob sie nun unser Gemüth befriedigen oder beunruhigen mag. Und diesem Begriff des Mechanismus wird bis in seine letzten Wurzeln nachgegangen, seine beiden Momente, die Allgemeingesetzlichkeit und die transeunte Wirkungsfähigkeit, werden, jedes für sich, Gegenstand eingehendster Zergliederungen und metaphysischer Ueberlegungen, die sich nicht eher zufrieden geben, als bis alle in jenen Begriffen insgeheim mitgedachten Voraussetzungen an's Tageslicht gebracht sind.

Es gehörte in der That eine gewisse Kühnheit dazu, um bei der leitenden idealistischen Gesinnung, die wir kennen gelernt haben, sich dem scheinbar so weit davon abführenden eigenen Gange dieser rein theoretischen Erörterungen so zuversichtlich anzuvertrauen; allein wir fanden doch eben in jener ethischen Grundgesinnung des Ganzen zugleich den Schlüssel, die Rechtfertigung dieses Unternehmens. Und so folgen wir denn dem anfänglich wenig aussichtsreichen Wege dieser Untersuchungen mit eben der Ueberzeugung, von der Lotze sich leiten liess: dass „die Auffindung der Wahrheit überall zugleich die Erzeugung eines Gutes ist, dessen Werth die Mühe seiner Gewinnung rechtfertigt[1]", und dass wir daher die Wege der Wissenschaft nur zuende zu gehen brauchen, um die Widersprüche schwinden zu sehen, die sie gegen Das, was dem Gemüth als tiefstes, unabweisliches Bedürfniss gilt, geltend machen wollte —

---

[1] Mikr: I, Einl. S. VII.

Capitel I.

Lotze's Begründung der Wesenseinheit alles Seienden.

Erfahrungsthatsache des gesetzmässigen Wirkungszusammenhanges der Dinge. — Das Gelten allgemeiner Gesetze mit jeder pluralistischen Weltansicht unvereinbar. — Problem des transeunten Wirkens: Unzulänglichkeit aller Erklärungsweisen; die Umgehungsversuche des Occasionalismus und der prästabilirten Harmonie. — Die Einheit des Weltgrundes; Grenzen der Lotze'schen Argumentation; Verhältniss der persönlichen Geister zu dem Unendlichen. Weitere vorläufige Bestimmungen des Unendlichen; die Möglichkeit einer materialistischen Ausdeutung noch nicht ausgeschlossen. —

Es war eine der wesentlichsten Aufgaben gewesen, die der Mikrokosmos sich gestellt hatte: die schrankenlose Gültigkeit des Mechanismus in der Welt der Erfahrung zu allgemeiner Anerkennung zu bringen. Und zwar darin sollte „der Geist der mechanischen Auffassung" bestehen [1], „zu erkennen, dass zwei Processe a und α factisch durch einen inneren Zusammenhang, dessen Natur dahingestellt bleiben kann, auf allgemeine Weise miteinander verbunden sind" etc. — „Mechanismus" also ist der „Zusammenhang aller jener allgemeinen Normen, nach denen jedes Einzelne

---

1) Streitschr: S. 94.

in der geschaffenen Welt auf jedes Andere wirkt¹)." Von
diesem allgemeingesetzlichen Wirkungszusammenhange der Dinge, als durch die Erfahrung genügend gesichertem Thatbestande, nehmen die metaphysischen Erörterungen nun ihren Ausgangspunkt, mit denen wir es im Folgenden zu thun haben. —

Lotze legt Werth darauf, ein allgemein zugestandenes, unzweifelhaftes Factum zum Grundstein des Ganzen gewählt zu haben. Doch ist dies nach den einleitenden Betrachtungen der Metaphysik von 79 nicht so zu verstehen, als sei diese „Voraussetzung eines allgemeinen inneren Zusammenhanges aller Wirklichkeit" aus der Erfahrung geschöpft; vielmehr, aus dieser unableitbar, „liegt sie jedem Versuche, durch Erfahrung zur Erkenntniss zu kommen, zu Grunde²)". „Die naturwissenschaftliche Praxis der Gegenwart ... bezweifelt nicht .. das Vorhandensein von Gesetzen, welche alle Theile des Weltlaufs so verknüpfen, dass von dem einen zum andern einer vollkommenen Erkenntniss, wenn wir sie erreicht hätten, untrügliche Schlussfolgerungen möglich werden³)". Ohne die Anerkennung dieses Thatbestandes würde jedes Begreifen und Erklären der Aufeinanderfolge von Ereignissen unmöglich sein: „Denn alle Erklärung ist doch zuletzt Nichts anderes, als die Zurückführung eines blossen Zusammenseins zweier Thatsachen auf eine innere Zusammengehörigkeit nach einem allgemeinen Gesetze; alles Bedürfniss einer Erklärung, und das Recht sie zu verlangen, beruht daher auf der anfänglich gewissen Ueberzeugung, in Wahrheit sein und geschehen könne nur das, wofür sich in einem allgemeinen Zusammenhange der Dinge der Grund seiner Möglichkeit und in besonderen Thatsachen dieses Zusammenhanges der Grund seiner nothwendigen Verwirklichung in bestimmtem Ort und Augenblicke finde. Lassen wir diese ursprüngliche Ueberzeugung

---

1) Ebenda, S. 57.
2) Met. v. 79: S. 5.
3) S. 6.

fallen, so bedarf Nichts mehr der Erklärung und Nichts lässt sie zu; denn eben der Zusammenhang würde nicht mehr da sein, in dessen Nachweis sie bestehen müsste[1]".

Neben dieser subjectiv-praktischen Begründung der Voraussetzung einer allgemeingesetzlichen Verbindung der Vorgänge zwischen den Dingen steht aber noch eine andere, teleologisch-metaphysische: Wo nämlich die Verwirklichung von Zwecken, von Ideen „dem veränderlichen Verkehr einer Vielheit von Beziehungspunkten übertragen ist, wird es allemal einen Kreis allgemeiner Gesetze geben müssen, nach denen in allen gleichen Wiederholungsfällen der gleiche und in ungleichen ein ungleicher Erfolg nöthig wird, ein bestimmtes Ziel entweder erreicht oder verfehlt werden muss[2]".

Mag also immerhin der mechanische Zusammenhang aller Wirklichkeit nicht eigentlich ein Ergebniss der Erfahrung sein: so lange es doch feststeht, dass ohne seine Voraussetzung weder die Welt der Erfahrung das sein könnte, als was sie uns gilt, noch auch für uns Erfahrung überhaupt möglich wäre, werden wir den Gebrauch, den Lotze von dieser Voraussetzung, als der „gemeinsamen Grundlage aller Forschung[3]", macht, uns unbedenklich gefallen lassen dürfen. —

Sofort aber zergliedert sich dieser Gedanke in zwei wesentlich verschiedene Momente, deren jedes eine besondere Untersuchung erheischt: Zuerst nämlich liegt darin die Annahme, dass aller Zusammenhang des Geschehens in der Welt allgemeinen Gesetzen unterworfen sei; und sodann die weitere Annahme, dass die Dinge in ihren wechselnden Zuständen sich nacheinander richten, dass Veränderungen, die dem einen von ihnen widerfahren, Bedingungen sind, welche auch in den anderen Veränderungen

---

1) Met. v. 79. S. 7.
2) Ebenda, S. 18 f. (Vgl. Gesch. d. Aesth. S. 136).
3) Met. v. 79. S. 17.

herbeiführen¹), kurz also, dass das stattfindet, was wir ein ‚transeuntes Wirken' nennen. — Und es sollen nun die Voraussetzungen aufgesucht werden, die wir bei der Anwendung dieser Begriffe bereits im Stillen gemacht haben müssen, „ohne uns derselben und ihrer Wichtigkeit hinlänglich bewusst zu sein²)". — Keineswegs wird ein künstliches synthetisches Verfahren beabsichtigt, um zu dem schliesslichen Ergebniss zu gelangen, noch auch soll dies letztere „in der Weise einer Hypothese als ein Auskunftsmittel zur Beseitigung vorliegender Schwierigkeiten" errathen oder erfunden werden; vielmehr soll es „ein durch blosse Zergliederung in dem Begriffe der Wechselwirkung nachweisbarer Gedanke" sein³).

Was nun vorerst das Argument anlangt, welches sich auf das Gelten allgemeiner Gesetze stützt, so werden wir vor allem festzustellen haben, welcherlei „allgemeine Gesetze" hier eigentlich gemeint sind. Mehrfach redet Lotze in diesem Zusammenhange von „allgemeinen Naturgesetzen" und nimmt überhaupt die naturwissenschaftliche Weltauffassung zum Ausgangspunkt, gerade als seien die Naturgesetze selbst die in Rede stehenden allgemeinen Gesetze oder wenigstens ein typisches Beispiel derselben⁴). Allein wir überzeugen uns bald, dass die besonderen Gesetze des Naturgeschehens, wie überhaupt alle nur für beschränkte Gebiete der Wirklichen giltigen Gesetze doch nicht wohl gemeint sein können. Aus dem Gelten der physischen Gesetze würde niemals etwas anderes, als eine Vergleichbarkeit oder Verwandtschaft der ihnen unterworfenen Naturgegenstände entnommen werden können; ebenso aus dem Gelten der Gesetze des psychischen Geschehens nur

---

1) Rel. phil. v. 78—79. § 14.
2) Rel. phil. v. 78—79. § 14, am Schluss!
3) Met. v. 79. S. 140; vgl. auch Mikr. III. S. 475.
4) Vgl. Rel. phil. v. 78—79: § 15 und Rel. phil. v. 63: § 15. 4. Ähnlich nennt der Mikrokosmos (III: S. 476) die Sätze der Mechanik als „erläuternde Beispiele" der allgemeinen Gesetze.

eine solche der **geistigen** Wesen. Soll überhaupt mit der Annahme des Geltens allgemeiner Gesetze zugleich etwas über die Naturen **aller** Dinge oder Wesen gesagt sein, so können offenbar nur solche Gesetze in Frage kommen, die auch für **alle** diese Elemente der Wirklichkeit Geltung haben. — Allein auch die hier von Lotze als — vielleicht einzige — Beispiele namhaft gemachten **mathematischen** und **logischen** Gesetze[1]) scheinen zunächst, so lange man so im Allgemeinen bleibt, wenig geeignet, das zu bieten, was hier erfordert wird; denn in ihnen ist von dem **wirklichen Geschehen und Wirken** garnicht die Rede, auf das uns die Erwähnung der Naturgesetze als Beispiel, sowie überhaupt der Sinn des ganzen Argumentes doch ausschliesslich hinweisen musste.

Klarer spricht sich unser Philosoph in „Alter und neuer Glaube" aus[2]): „Wer da meint, dass Dinge sich nach einander richten, **meint** damit eben, es gebe allgemeine Gesetze, nach denen entschieden wird, welche bestimmte Folge, mit Ausschluss aller anderen, jedes Ding in dem Falle einer bestimmten Beziehung zu anderen erfahren muss"; — und die Metaphysik von 79[3]) spricht in ganz gleichwerthigem Sinne, wie sonst von den „allgemeinen Gesetzen" in diesem Zusammenhange geredet wird, von der „Nothwendigkeit, die Ereignisse des Weltlaufs als **Folgen aus Gründen** aufzufassen". — Die weitere Ausführung zeigt hier, dass Folgendes offenbar die Meinung ist:

[1]) Vgl. Rel. phil. v. 63: § 17: „Da schliesslich alle Wirkungen in der Welt ineinandergreifen, so macht die Thatsache, dass es solche allgemeinen Gesetze für alles Wirkliche gibt (gesetzt auch, dass nur die **mathematischen und logischen** diese allgemeine Gültigkeit besässen) die Annahme einer Homogeneität alles Seienden nothwendig". — In ähnlicher Weise fordert die Med. Psychologie die Anerkennung „eines wenn auch noch so beschränkten Kreises vollkommen **allgemeiner Gesetze, denen jeder ihrer Theile gleichmässig unterliegt**", und macht die mathematischen Lehren als zu ihnen gehörig namhaft. (S. 28).

[2]) Kl. Schr.: III. S. 419.

[3]) S. 137.

Der Rechtsgrund, an eine Vereinigung der Dinge A und B in irgend einer Beziehung C eine Folge F mit Ausschluss aller übrigen, oder überhaupt Bestimmtes an Bestimmtes zu knüpfen, kann nur in einer gewissen Commensurabilität der Dinge A und B gefunden werden. „Eine Vergleichbarkeit ihrer Naturen muss so stattfinden, dass sie unter die allgemeine Vorstellung dessen sich bringen lassen, von dem das Gesetz eine Folge unter Bedingungen, beide allgemein gefasst, behauptet, und dass es ferner einen bestimmbaren Unterschied in Bezug auf die Gestalt dieser Folge macht, ob dem Gesetz diese oder eine andere Verkettung dieser oder anderer Dinge als Anwendungsfall dargeboten wird[1]". — Danach sind es also nicht eigentlich logische und mathematische Gesetze, die das in Frage stehende Argument meint, sondern Gesetze, welche in allem Geschehen die Gestalt der Folge mit den logisch-mathematischen Verhältnissen der vergleichbaren Naturen der Dinge in einen allgemeinen Zusammenhang bringen; — also gleichsam ein allgemeines Recht des Wirkens in der Welt, sofern in ihm die Verhältnisse oder Beziehungen zwischen den Dingen, die unser vergleichendes Denken auffindet, sich geltend machen. — Und so sind es denn auch in der That diese von uns aufgestellten Verhältnissbeziehungen zwischen den Dingen, welche Lotze seiner Entwickelung dieses Argumentes im Mikrokosmos[2], der ausführlichsten, die er gegeben hat, zu Grunde legt. Er geht dort von der Unterscheidung zweier Arten von Beziehungen zwischen den Dingen aus, solchen nämlich, in denen uns die Dinge an sich selbst zu stehen scheinen, — wir wollen sie kurz ‚metaphysische' nennen, - und solchen, in welche sie nur unser Denken durch willkürliche Zusammenstellung bringt, — so freilich, dass es sie nur findet, nicht erfindet, als läge in dem Wesen der Dinge selbst keine Veranlassung, sie zu bilden. Diese letzteren, die von uns den Dingen zugesprochenen logisch-

---

[1] Kl. Schr. III. S. 419.
[2] III. S. 474 ff.

mathematischen oder Vergleichungs-Beziehungen sind diejenigen, die sich allemal dann erst geltend machen werden, wenn die Dinge auf Grund jener metaphysischen Beziehungen in Wechselwirkung gerathen. Auf diese ‚Vergleichungsbeziehungen‘ ausdrücklich beschränkt Lotze das, was er über das Gelten ‚allgemeiner Gesetze‘ hier sagen will [1]). Und so kämen wir denn auf unsere oben gewonnene Bestimmung dieses Begriffes zurück: Das Gesetz „drückt die allgemeine Weise der Abhängigkeit aus, durch welche die Art und Grösse einer Folge für jeden Einzelfall nach der hier gegebenen Art und Grösse einer veränderlich vorausgesetzten Beziehung und nach der Eigenthümlichkeit der Elemente bestimmt ist, zwischen welchen diese stattfindet [2])". —

In voller Uebereinstimmung hiermit heisst es in der Metaphysik von 79 [3]): „Nicht minder nothwendig ist die **Einheit der höchsten Gesetze**, denen der Zusammenhang der Dinge gehorchen muss; sie liegen nicht in den Regeln, die verschiedene Kräfte verschieden befolgen; sie liegen vielmehr in den **allgemeinen mathematischen Wahrheiten**, denen jede zusammenhängende Welt, wäre sie auch völlig anders, als die bestehende, sich stets in ihrem ganzen Umfange gleichmässig unterwerfen muss; es ist gar keine Ordnung eines Naturlaufes denkbar, wenn nicht in allen Fällen nach denselben Rechnungsregeln bestimmbar ist, welche **Folgen aus vorhandenen Grössen wirksamer Elemente und der abschätzbaren Intensität ihrer gegenseitigen Beziehungen hervorgehen** [4])". —

Hierbei werden wir stehen bleiben und danach auch die scheinbar noch weitergehenden Fassungen des Begriffes der allgemeinen Gesetze interpretiren müssen, die Lotze an anderen Stellen bringt. Wenn er wiederholt seine Meinung

---

1) Vgl. Mikr. III. S. 482.
2) Mikr. III. S. 476.
3) S. 377.
4) Met. v. 79. S. 137; ähnlich auch in den Rel. phil.-Dictaten.

in folgender Weise erläutert: „Wären alle Elemente der Welt so unvergleichbar, wie unsere Empfindungen Roth und Süss, so würde es unmöglich sein, an die Vereinigung der beiden A und B in irgend einer Beziehung C eine Folge F mit Ausschluss aller andern Folgen zu knüpfen[1]" u. s. w., — so dürfen wir dies keineswegs dahin missverstehen, als solle damit für alles Geschehen eine völlig **apriorische Construirbarkeit** des einen Ereignisses aus den in den vorhergegangenen enthaltenen Bedingungen behauptet werden; vielmehr sagt die Metaphysik von 79 ausdrücklich: „Bezeichnen wir symbolisch durch $\alpha + \beta = f$ diesen Inhalt des Gesetzes" (wo α und β die beiden zur Erzeugung der Folge f zusammentretenden Bedingungsglieder sind, den Prämissen im Schluss vergleichbar), „so dürfen wir nicht endlos versuchen, die Berechtigung des $\alpha + \beta$, als Grund von f zu gelten, als Folge höherer und noch allgemeinerer Gesetze abzuleiten; jedes dieser höheren Gesetze, das wir erreicht hätten, würde dieselbe Form $\alpha_1 + \beta_1 = f_1$ wiederholen und uns zuletzt zu dem Zugeständnisse nöthigen, dass zwar Einzelnes aus dem Allgemeinen sich analytich begreifen lässt, die **allgemeinsten Gesetze** aber gegebene synthetische Verknüpfungen von Grund und Folge sind, die wir lediglich anzuerkennen, und deren Annerkennung wir nicht wieder an die Erfüllung irgend welcher Bedingungen zu knüpfen haben[2]".

Nach alledem werden wir in dem Begriffe des 'allgemeinen Gesetzes', wie er bei Lotze sich findet, folgende Momente zu scheiden haben: zuerst das blos thatsächliche, nicht weiter begründbare allgemeine Verknüpftsein einer bestimmten Beziehung zwischen zwei Elementen mit einem bestimmten Folgevorgange; — wir möchten diese rein synthetischen elementaren Verknüpfungsgesetze als '**metaphysische Axiome**' bezeichnen. Aus diesen ergibt sich sodann durch **Zusammensetzungen** aller Art eine ganze

---

[1] Met. v. 79. S. 137.
[2] S. 118 f. — Vgl. auch Streitschr: S. 104 f.

Reihe von **abgeleiteten** allgemeinen Gesetzen. Endlich aber würde noch eine andere Art von „Allgemeinheit", — wie sie Lotze im Zusammenhange seines Argumentes ebenfalls im Sinne hat, — dadurch hinzutreten, dass mit einer stufenweise erfolgenden **Variirung** der Beziehung, sowie der zu ihr zusammentretenden Elemente, eine ebenfalls stufenweise fortschreitende Änderung des vorher daran geknüpften Folge-Vorganges verbunden ist; und zwar würde das **Gemeinsame**, das alle diese variirten Fälle doch noch behalten, in seiner Abhängigkeit von dem **Masse** der Variirung eben den Inhalt des ‚allgemeinen Gesetzes' bilden. — In jenen **Zusammensetzungen** zu abgeleiteten Gesetzen einerseits und diesen **verallgemeinernden Übertragungen** auf das Nächst-Verwandte und Ähnliche anderseits hätten wir die rein **rationalen**, unserer Vorherberechnung zugänglichen Momente in dem Zusammenhange des Geschehens, die uns gestatten, überall eine ganz bestimmte, berechenbare **Folge** einem gegebenen bestimmten Complex von Bedingungen zuzuordnen. —

Lotze fragt nun weiter, welche Voraussetzungen wir über die Naturen der Dinge nothwendig machen müssen, wenn solche allgemeinen Gesetze „nicht nur eine giltige Wahrheit im Reiche der Gedanken, sondern auch eine bestimmende Macht in der Welt der Sachen" sein sollen[1]. Wie können überhaupt Dinge dazu kommen, sich nach einem Codex von Gesetzen zu richten? — Den Gesetzen als solchen eine **selbständige** Existenz neben und über den Dingen zuzugestehen, aus der heraus ihnen eine Macht erwüchse, die letzteren ihren Befehlen folgsam zu machen, würde völlig absurd sein. Kein Gesetz hat irgend eine Wirklichkeit ausserhalb der Wirkungsweisen der wirkenden Subjekte selbst und anders, als im Augenblick einer Bethätigung derselben; was sie sonst noch etwa sind, sind sie nur als die der Beobachtung jener Wirkungsweisen entlehnten Regeln, „nach

---

[1] Mikr: III. S. 475.

denen wir, aus gegebenen Zuständen eine Folge vorhersagend, mit der Wirklichkeit wieder zusammentreffen[1])". —

Ist es nun aber so, sind die **Naturen der Dinge** das einzig Wirksame, so muss diese Constanz oder Folgerichtigkeit ihrer Verhaltungsweisen, die allein uns die Möglichkeit und den Anlass gibt, sie in allgemeinen Gesetzen zu formuliren, ausschliesslich in jenen **wirksamen Naturen der Dinge** selbst ihren Grund haben; diese letzteren müssen derart aufeinander bezogen und berechnet gedacht werden, dass sich einsehen lässt, wie in einer gegebenen Vereinigung mehrerer von ihnen zu einer bestimmten Beziehung zugleich diese oder jene ganz bestimmte Gestaltung einer Folge mitgegeben sein kann. — Der Mikrokosmos fasst dieses Resultat folgendermassen[2]):

„Nicht nur die Beziehungen zwischen den Dingen müssen einerseits, die aus ihnen entspringenden Wirkungen andererseits, vergleichbar verschiedene Werthe allgemeiner Ereignisse sein, sondern auch die Naturen der Dinge, aus deren Beziehung eine Wirkung entstehen soll, können nicht masslos und unvergleichbar verschieden sein, so lange der Beitrag, den sie zur Gestaltung des jedesmaligen Erfolges liefern, durch ein allgemeines Gesetz bestimmbar sein soll. Und zwar würde es nicht zureichen, ihnen nur diejenige Gleichartigkeit zuzugestehen, die ihnen ihre gemeinsame Unterordnung unter den allgemeinen Begriff des Dinges verschafft, sondern auch die Eigenschaften, durch welche eines vom andern sich unterscheidet, müssen vergleichbare Werthe allgemeiner Eigenschaften sein".

Nach unseren oben gewonnenen Festsetzungen wird nun ein derartiger Rückschluss auf die Naturen der Dinge nur so weit Gültigkeit haben können, als die rein rationalen Momente in den 'allgemeinen Gesetzen' in Frage kommen, also, so weit wir es mit den aus den 'metaphysischen Axiomen'

---

1) Mikr: III. S. 481.
2) III: 476. f.

abgeleiteten Gesetzen und den durch Variirung der Bedingungen sich ergebenden Verallgemeinerungen zu thun haben. Allein es bleiben zuletzt immer noch jene 'metaphysischen Axiome' selbst übrig, auf die offenbar die ganze Argumentation unseres Philosophen nicht mehr übertragbar ist. Denn in der That kann aus ihnen, die ja zugestandenermassen rein synthetische Verknüpfungsweisen von Bedingungen und Folgen sind, in Bezug auf die Naturen der so verknüpften Ereignisse und der Dinge, zwischen denen sie sich abspielen, keinerlei Rückschluss gezogen werden. Es würde garnichts im Wege stehen, sie als so unvergleichbar verschieden zu denken, wie die von Lotze als typische Beispiele namhaft gemachten Empfindungen Roth und Süss. Ja, sie dürfen sogar nichts Gemeinsames, Commensurables mehr haben, das für ihr gegenseitiges Verhalten in Frage kommen könnte, wenn ihre Verknüpfungsgesetze nicht eben dadurch doch wieder auf einfachere und elementarere zurückführbar sein sollen, – was wir ja ausdrücklich ausgeschlossen hatten. — Denken wir hier beispielweise an solche Gesetze, welche bestimmte materielle Vorgänge im Gehirn mit bestimmten seelischen Vorgängen in eine allgemeingesetzliche Verknüpfung bringen, so hätten wir sogleich einen Fall, wo mit der Annahme der Geltung eines allgemeinen Gesetzes doch über die Naturen der in Frage kommenden Substanzen nicht das Mindeste zu entnehmen wäre, was ihre so augenscheinliche Unvergleichbarkeit irgend verringerte. --

Überall da also, wo sich's um ‚allgemeine Gesetze‘ von axiomatischer Einfachheit und Ursprünglichkeit handelt, hat unser Argument seine Grenzen erreicht; es können dann wohl die Naturen der sämmtlichen α, von denen das Gesetz $\alpha + \beta = f$ redet, untereinander vergleichbar sein, ebenso wie die Naturen der β und die der f; aber zwischen den α und β oder den α (resp. β) und f würde keinerlei nothwendige Vergleichbarkeit oder Verwandtschaft mehr behauptet werden dürfen. —

Anderseits aber würde es auch in keiner Weise weiterführen, das ganze Argument etwa nur auf die allgemeinen mathematischen Wahrheiten stützen zu wollen und von dem axiomatischen Theil, den wir in den ‚allgemeinen Gesetzen' als Bestandtheil neben dem rationalen feststellten, völlig abzusehen[1]. Denn in ihnen ist, wie wir oben (S. 20) bereits andeuteten, von den Naturen der Dinge garnicht die Rede, um deren Vergleichbarkeit es sich uns handelt; sie können den zu gegebenen Bedingungen gehörigen Folgen wohl ihre Grösse und Intensität, vielleicht auch den Ort ihres Auftretens zuweisen, müssen aber die Bestimmung der qualitativen Eigenart dieser Folge, der sie alle jene Grössen- und Lagenverhältnisse mitgeben wollen, doch anderswoher, eben von jenen ‚metaphysischen Axiomen', wie wir sie nannten, und den daraus abgeleiteten Gesetzen, — erwarten. —

Es ist schwer zu sagen, ob Lotze mit seinem Argument nicht mehr erreicht zu haben glaubte, als hiernach zulässig sein würde; die Ausdrücke, in denen er das Ergebniss dieser ganzen Erörterungen zusammenfasst, sind leider zu unbestimmt, um das deutlich erkennen zu lassen. So heisst es z. B. im Mikrokosmos[2]: . . . . eine leichte Überlegung würde zeigen, „dass nicht nur jedes einzelne dieser Elemente die Art einer Gattung, sondern dass auch die beiden Gattungen selbst, die den beiden entsprechen, zwar nicht nothwendig Arten eines höheren gemeinsamen Allgemeinen, wohl aber Glieder irgend eines Verhältnisses sein müssen, in welchem sie bestimmte Plätze einnehmen"; — und es möchte schwer anzugeben sein, wieviel hier mit der Anforderung, „Glieder irgend eines Verhältnisses" sein zu sollen, den Dingen eigentlich zur Pflicht gemacht wird. Ebenso wenig

---

1) Eine Aufforderung dazu könnten wir der oben schon citirten Stelle der Met. v. 79. (S. 377.) entnehmen, wo von der Einheit der ‚höchsten Gesetze' die Rede ist, und diese in den ‚allgemeinen mathematischen Wahrheiten' gefunden werden! —
2) III. S. 476.

besagen aber auch die Bestimmungen, wonach alle Dinge als „Glieder eines Systems irgend wie auf einander bezogener Reihen [1]" sich darstellen müssten, oder als „Glieder eines Systems, innerhalb dessen nach verschiedenen Richtungen Fortschritte von angebbarer Grösse von Glied zu Glied leiten [2]", — oder so, „dass ihre Naturen eine Reihe oder oder ein Gewebe von Reihen bilden, in welchem von jedem Gliede zu jedem anderen durch eine bestimmte Anzahl wie auch immer zu messender Schritte gekommen werden kann [3]", — und dergleichen mehr. — Geradezu ungenau nach unseren obigen Erörterungen, und zudem im Widerspruch stehend zu der citirten Stelle des Mikrokosmos, ist die Forderung des Metaphysik-Dictats von 71 (§ 39), dass alle Dinge Glieder eines, Systems von Reihen' sein müssen, „so dass man von der Natur jedes Wesens zu der jedes anderen durch mehr oder weniger Mittelglieder so gelangen kann, dass allemal zwei nächst auf einander folgende Glieder ein gemeinschaftliches Allgemeines zulassen" .. u. s. f.

Offenbar hat Lotze selbst sich die Grenze, die wir als nothwendig erkannten, für sein Argument nicht gezogen. Für ihn war die Einheit der höchsten, allgemeinsten Gesetze des Geschehens von vorn herein feststehende Überzeugung, obschon er wiederholt zugesteht, dass ihr Zusammenhang nur in dem ‚Gesammtsinne der Welt', der ‚höchsten Idee' auffindbar sein würde, und dass dieser Zusammenhang kein logischer zu sein brauche, sondern nur der einer ‚ästhetischen Nothwendigkeit und Gerechtigkeit [4]'.

Jene ‚höchste Idee' aber kennen wir nicht, — nach Lotze's eigener, oft wiederholter Versicherung, und so bleibt diese Einheit der allgemeinen Gesetze eine blosse Forderung [5]. Je nach dem man nun Gründe zu haben glaubt, jene unmittelbar nicht gegebene, noch theoretisch

[1] Met. v. 79: S. 198.
[2] Ebda S. 453.
[3] „A. u. n. Glaube", Kl. Schr: III, S. 419.
[4] Met. v. 79: S. 119! Vgl. auch S. 422!
[5] Met. v. 79: S. 117, und ebenso S. 400!

erweisbare Einheit dennoch anzunehmen, wird man in grösserem oder geringerem Umfange den Lotze'schen Ausführungen zuzustimmen geneigt sein. Unsere Aufgabe konnte es nur sein, den Punkt klarzustellen, an welchem in letzter Instanz der ganze Werth des Argumentes für den Erweis der Einheit des Weltgrundes hängt. Mag immerhin jener ‚Pluralismus' dadurch widerlegt sein, der die wirkliche Welt und das Geschehen in ihr durch eine Vielheit von einander völlig unabhängiger Elemente zu construiren versucht, die nur nachträglich erst durch das Gebot allgemeiner Gesetze aus ihrer Abgeschlossenheit gegeneinander für die Dauer ihres ‚Zusammens' herausgerissen werden: wenn es zuletzt doch dabei sein Bewenden haben müsste, dass alle realen Wesen sich in Reihen wesensverwandter, commensurabler Glieder einordnen lassen, diese Reihen aber unter sich keine weitere Vergleichbarkeit in ihren Gliedern zu zeigen brauchten, so würde das kein nennenswerther Gewinn mehr sein. Sind wir doch ohnehin längst gewohnt, die Bestandtheile der Wirklichkeit in die zwei grossen Gruppen der **geistigen** und der **materiellen** Wesen zu vertheilen, und sehr geneigt, für diese letzteren sogar eine grössere Vergleichbarkeit ihrer Naturen unter einander vorauszusetzen, als Lotze sie ihnen zugestehen mag[1]).

Wir wenden uns nunmehr dem zweiten Argumente zu, das Lotze dem Gedanken eines allgemeingesetzlichen Wirkungszusammenhanges der Dinge entnimmt: Es handelt sich hier um das Problem des ‚transeunten Wirkens', d. h. um die Frage: wie ist die Thatsache, dass Veränderungen in dem Dinge A bestimmte Veränderungen in dem Dinge B zur Folge haben, zu begreifen? - Denn mehr, als diesen Thatbestand soll vor der Hand der Ausdruck „wirken" hier nicht bezeichnen; es soll keine „Zwischenmaschinerie" angegeben werden, mit Hilfe deren das Ding A von seiner

---

1) Met. v. 79: S. 119 f!

Aenderung dem Dinge B einen gewissen Antheil durch allerhand Zwischenglieder übermittelte; sondern ausdrücklich von den transeunten Wirkungen zwischen den letzten, elementaren Wesenseinheiten ist die Rede, zwischen denen es nichts Reales mehr gibt, das da vermitteln könnte. — Aber freilich haben die Schwierigkeiten, in welche die gewöhnlichen Vorstellungsweisen vom ‚transeunten Wirken‘ sich gar bald verwickeln, auch Weltauffassungen gezeitigt, welche überhaupt jede Art von Abhängigkeit der Veränderungen in B von denen in A leugneten, — und eine solche Abhängigkeit soll allerdings in dem ‚Wirken‘ doch angedeutet sein; ein unabhängiges Nebeneinander-abfliessen der Zustandsphasen in den einzelnen Dingen würde in der That nicht hinreichen, um eine Anwendung der von unserem Philosophen an den Begriff des transeunten Wirkens angeknüpften Betrachtungen auf sich zu gestatten. Wir werden auf diese Umgehungsversuche des transeunten Wirkens bei der Welterklärung alsbald näher einzugehen haben; vor der Hand halten wir uns jedoch an die gewöhnliche Auffassung und vergegenwärtigen uns zunächst einmal den Thatbestand, der hier seinen Ausdruck gesucht hat.

So lange wir nichts weiter, als überhaupt Veränderungen in zwei verschiedenen Dingen bemerken, werden wir noch keinen Anlass nehmen, die Veränderungen des einen in irgend eine direkte Abhängigkeit von denen des anderen zu bringen. Auf die Vermuthung eines solchen Abhängigkeits-Zusammenhanges werden wir erst da geleitet, wo wir wiederholt und ausschliesslich den einen Veränderungsvorgang α in dem Dinge A von einer und derselben Veränderung β in B begleitet sehen, wo also - unter sonst gleichen Bedingungen — nach allgemeinen Gesetzen β in B auf α in A folgt[1]). Auch da bleiben andere Annahmen möglich, das Zustandekommen dieser Zusammenstimmung zu erklären, solange nicht weitere Bedingungen

---

1) Vgl. Kl. Schr.: III. S. 419 und Met. v. 79: S. 95 f.

noch hinzutreten, welche uns von diesen Erklärungsweisen Abstand zu nehmen zwingen könnten. —

Die Gedankengänge nun, welche bei Lotze an das Gelten allgemeiner Gesetze in der Verknüpfung der Veränderungen der Dinge sich anschliessen, haben wir oben verfolgt und ihre Ergebnisse festgestellt. Aber diese Gesetze konnten doch nichts weiter aussagen, als dass ein Vorgang und welcher, in dem Dinge B auf einen gegebenen Vorgang in A überall folge. Wie es indess dazu kommen kann, dass dieser vom Gesetz zu dem α in A hinzupostulirte Vorgang β in B wirklich eintritt: darüber haben wir noch keine Aufklärung erhalten Klar ist nur, wie wir oben schon andeuteten, dass jedwede Art von ‚Zwischenmaschinerie', durch die wir Dies etwa bewerkstelligt glauben könnten, die Frage nicht lösen, sondern nur an einen andern Ort zurückverlegen würde; denn immer würde diese Maschinerie innerhalb ihres Getriebes doch gerade Das wieder schon voraussetzen müssen, was wir durch sie erklärt wissen wollten, eben das Zustandekommen eines transeunten Wirkens[1]). — Es kann sich vielmehr auch hier nur darum handeln, alle die Nebengedanken aufzusuchen, die wir im Stillen schon gedacht haben müssen, wenn wir den Begriff eines ‚transeunten Wirkens' überhaupt anwenden. —

Die erste Gruppe von Theorien, die hier in Frage kommen, sind diejenigen, welche das Wirken durch die Annahme eines „Ueberganges", einer „causa transiens" zu erklären versuchen, — mag nun das Uebergehende ein Stoff sein oder eine Kraft, ein Zustand oder dergleichen mehr. — Allein es zeigt sich sogleich die völlige Unzulänglichkeit aller dieser Vorstellungsweisen. Denn vorerst: So lange das Uebergehende selbst wieder als etwas Dinghaftes, Substantielles gefasst wird, enthält zwar die Vorstellung seines ‚Uebergehens' keine Schwierigkeit; allein sie erklärt auch nichts! Das Problem des Wirkens tritt vielmehr alsdann —

---

[1] Vgl. Met. v. 79; S. 136.

ungelöst. wie bisher — nur in vervielfältigter Gestalt auf. Denn Erstens fragt sich nun, wie das übergehende Element C von A mit bestimmter Richtung ausgesendet werden kann, — was doch auch schon eine Wirkung ist; sodann, wie es seinen Weg zu B finden, und endlich vor allem, wie es, bei B angekommen, nun für dieses Grund eines Leidens und einer Veränderung werden kann[1]).

Anderseits aber: soll das Uebergehende gar nur eine Kraft oder ein Zustand oder dergleichen mehr sein, so wird die Ablösung dieses Attributes α von dem Dinge A, die Wanderung nach B hin und die Verbindung mit diesem ein metaphysischer Ungedanke; und überdies würde mit der Ankunft des α bei B nicht einmal sein Verharren daselbst gegeben sein; es könnte ebenso gut als „Zustand Niemandes" „seinen räthselhaften Weg in's Unendliche fortsetzen[2])". Es müsste noch eine besondere Einwirkung des B auf ihn angenommen werden, die ihn festhielte. —

Das völlige Scheitern aller dieser Erklärungsversuche hat nun, wie schon erwähnt, zu mancherlei Weltauffassungen geführt, welche ein eigentliches **Wirken** zwischen den Dingen überhaupt leugneten und den in der Erfahrung gegebenen beständigen Folgezusammenhang von α (in A) und β (in B) auf **andere** Art, als durch eine Einwirkung des A (oder α) auf B, hergestellt annahmen: Es sind die Theorien des **Occasionalismus** und die Lehre von der **prästabilirten Harmonie**, die hier in Frage kommen.

Der „Occasionalismus" will die **wirkenden** Ursachen durch sogenannte ‚Gelegenheits-Ursachen' ersetzen und stellt das Dasein von α in A nur als ‚Gelegenheit' oder ‚Veranlassung' für das Auftreten von β in B hin. In dieser Form aber kann er offenbar noch nicht als selbständige **metaphysische Theorie** gelten wollen, denn **so** ist er nicht mehr, als eine Bezeichnung des Problems! Eine

---

1) Vgl. Mikr. III. S. 484 und Met. v. 79. S. 112 f.
2) Met. v. 79: S. 115. und Mikr. I: S. 426.

‚Gelegenheit' nämlich, die von den Dingen, die sie angeht. nicht **bemerkt** und also auch nicht **benutzt** werden kann. ist für diese überhaupt **nicht vorhanden** und kann für sie nicht Anlass werden, aus ihrer bisherigen Gleichgiltigkeit gegen einander herauszutreten: — „A und B, um bei der Gelegenheit c sich anders zu verhalten, als sie bei der Gelegenheit γ gethan haben würden, müssen sich in dem Falle c **bereits anders befinden**, als im Falle γ¹)", d. h. sie müssten bereits irgend eine Wechselwirkung mit einander ausgetauscht haben, um zur Inscenirung der Erscheinung derjenigen Wechselwirkung, die wir erklären wollten, nur überhaupt eine ihnen selbst bemerkbare ‚Veranlassung' zu haben. —

Wenn aber der Occasionalismus, um diesen Verlegenheiten zu entgehen, als thätiges Subject bei der correspondirenden Veränderung des A und B **Gott** hinzunimmt, so wird damit das Problem des Wirkens an sich um nichts klarer; vielmehr kehrt es jetzt **verdoppelt** wieder, indem Gott zunächst von A eine Wirkung empfangen, dann in B eine solche erzeugen muss. „Gewonnen ist nur, dass man der Allmacht Gottes das Unbegreifliche natürlich immer zutrauen darf²)".

Ein „verfeinerter Occasionalismus" versucht, das Eintreten des β in B bei Gelegenheit des α in A durch das Bestehen **allgemeiner Naturgesetze** begreiflich zu machen³). Es könne ja keine Kraft in der Welt geben, welche die Erfüllung eines solchen Naturgesetzes noch aufzuhalten vermöchte, sobald einmal alle Bedingungen erfüllt wären, an deren Beisammensein das Gesetz die bestimmte Folge ein für allemal gebunden habe. Allein hier wird dem Gesetz zu viel zugetraut: es ist doch nicht mehr, als unsere nachträgliche, registrirende Formulirung des Verhaltens der Dinge. Wollte man in ihm zugleich den bewegenden Grund

---

1) Vgl. Met. v. 79: S. 122!
2) Rel. phil. v. 63: § 15 3; vgl. auch. Mikr: III. S. 485.
3) Met v. 79: S. 123 ff! Vgl. auch Mikr. III. S. 485 und Rel. phil. v. 78—79: § 19. etc.

des wirklichen Geschehens finden, ihm eine zwingende Macht über die Dinge zuschreiben, so würde man — ganz abgesehn einmal von der metaphysischen Unzulässigkeit solcher Hypostasirung eines Gesetzes — das zu erklärende ‚transeute Wirken‘, jetzt zwischen Gesetz und Ding, doch schon wieder voraussetzen. Und überdies, da das Gesetz doch nicht ein immerwährendes Verhältniss ist, sondern seine Folge an nur hypothetisch gegebene Bedingungen knüpft, so müsste ihm selbst allemal das gerade gegebene wirkliche Erfülltsein der Bedingungen irgendwie bemerklich werden, damit es mit seiner Hinzuerzeugung der Folge nicht zur Unzeit kommt; und so käme man schliesslich zu den ungereimten Vorstellung, dass das Gesetz von Seiten der Dinge eine Einwirkung erleide. — Anderseits aber, gesteht man zu, dass nicht das Naturgesetz aus sich heraus die Dinge zwingen kann, sich nach seinem Gebot zu richten, sondern dass eben einzig und allein in den wirksamen Naturen der Dinge aller Grund ihres dem Gesetze gemässen Verhaltens gefunden werden kann, so hilft die Berufung auf Naturgesetze wiederum garnichts mehr zur Erklärung der nach ihnen zusammenstimmenden Veränderungen in den Dingen. Denn alsdann müsste eben den Dingen selbst irgend wodurch angekündigt werden, dass dieser oder jener Anwendungsfall des einen oder anderen bestimmten Gesetzes gerade vorliegt; und wir kämen immer wieder darauf zurück, dass sie bereits irgendwie auf einander gewirkt haben müssten, um sich dem Gesetze gemäss verhalten zu können.

Auch die Annahme, dass an dem Eintritt gewisser Beziehungen zwischen den Dingen ihre gesetzmässige Veränderung hänge, führt nicht weiter, solange nicht angegeben wird, was diese Beziehungen zwischen ihnen und ihr Eintreten für die Dinge selbst bedeutet, d. h. welche inneren Veränderungen sie — sei es von einander oder sei es von der Beziehung – bereits erlitten haben. Kurz: „Weder die Gültigkeit eines allgemeinen Gesetzes noch das blosse Bestehen einer Beziehung zwischen den Dingen reicht hin, um die entstehende neue Folge ohne Vermittelung eines Wirkens zu erklären[1]).

Der Erfahrungsbestand, der zur Aufstellung des Begriffes eines ‚transeunten Wirkens‘ Anlass bot, war, wie wir gesehen, der, dass Veränderungen eines Dinges A allgemeingesetzlich mit gewissen zugeordneten Veränderungen eines anderen Dinges B verbunden sind, sobald dieses mit A in die Beziehung C eintritt. Diese regelmässige Wiederkehr des β in B bei Eintritt des α in A deutete auf einen irgend wie im Wesen der Dinge begründeten nothwendigen Zusammenhang zwischen β und α hin. Allein nothwendig war es noch nicht sogleich, diesen Zusammenhang derart zu denken, dass das α in A als die wirkliche Ursache des Eintretens des β in B galt. Der Begriff der ‚Veranlassung‘ freilich brachte uns nicht weiter; er führte, wie wir ihn auch wenden wollten, zuletzt doch immer auf irgend welche thatsächlich schon vorangegangenen Wirkungen zurück. Und ebenso war bei allen Annahmen von einem ‚übergehenden‘ Etwas, einer ‚causa transiens‘, zuletzt doch wieder die Hinzunahme eines Wirkens nothwendig geblieben, um eine vollständige Erklärung des Thatbestandes zu erreichen. — Aber freilich: solange nichts weiter festgesetzt wird, als dass allemal β in B auf α in A folgen soll, bleibt immer noch eine andere Möglichkeit, diese Zusammenstimmung zu Stande zu bringen, als die einer unmittelbaren Einwirkung: Man kann nämlich auch die Annahme zu Grunde legen, dass die Dinge völlig unabhängig von einander lediglich aus sich heraus eine bestimmte Reihenfolge von Zuständen, — also z. B. das Ding A die Zustände $\alpha, \alpha^1, \alpha^2, \ldots$ und B die Zustände $\beta, \beta^1, \beta^2, \ldots$, — entwickeln, dass sie aber beide von vorn herein so eingerichtet gewesen sind, dass nachher bei dem Ablauf ihrer Zustandsfolgen gerade α mit β zugleich ein-

---

[1]. Met. v. 79; S. 124.

tritt, α^1 mit β^1 u. s. w., und dass auch bei jeder Wiederholung des α gerade das vorher damit zugleich aufgetretene β sich wiederholt, u. s. f. — Und hiermit hätten wir die prinzipiellen Grundzüge des Gedankens der ‚prästabilirten Harmonie', wie ihn Leibnitz seinem System zu Grunde gelegt hat.

Es ist jedoch von vorn herein Eines klar: diese ganze Theorie ist nur unter der Voraussetzung möglich, dass alles Geschehen in der Welt bis in's Kleinste prädeterminirt ist [1]), — ein Gedanke, den Lotze trotz seines beständigen Eintretens für das durchgängige Herrschen des Mechanismus doch auf das Entschiedenste bekämpft. — Sodann aber würde bei einer solchen Vorherbestimmung aller Ereignisse im Weltlauf auch kein zureichender Grund namhaft gemacht werden können, welcher die vorherbestimmende Macht dazu hätte veranlassen sollen, den Zusammenhang der Dinge allgemeinen Gesetzen zu unterwerfen [2]); es würde in der That schwer anzugeben sein, welchen Vorzug vor anderen möglichen Weltbildern, die auch hätten zur Wirklichkeit berufen werden können, ein solches mit der Signatur der Allgemeingesetzlichkeit eigentlich geltend machen könnte. Jede Verknüpfung von Grund und Folge konnte ebenso gut nur Einmal im Weltlauf vorkommen, wenn nun doch einmal der Grund nicht selbst für seine Folge bestimmend sein sollte, sondern beide ihren Ursprung, sowie die Inscenirung ihres Auftretens in der Zeit unabhängig von einander einer vorweltlichen Bestimmung verdankten; und die beständige Wiederholung gleicher Folgen unter gleichen Bedingungen erscheint hier im Grunde als nutzlose Einförmigkeit. Nur „unter der uns gewöhnlichen Voraussetzung, dass der Weltlauf ein allmähliches durch Wirken erzeugtes Werden ist, erscheint uns sein Zusammenhang nach allgemeinen Gesetzen nothwendig [3]). Für eine in alle Einzelheiten prädeter-

---

1) Met. v. 79: S. 128 f!
2) Met. v. 79: S. 132 ff!
3) Met. v. 79: S. 134.

minirte Welt lässt sich weder ein Bedürfniss nach ihnen, noch irgend ein Gut¹) aufzeigen, das durch ihr Gelten etwa erreicht würde.

Und -- hiermit im Zusammenhange — tritt uns sogleich noch eine andere Schwierigkeit entgegen: Es war doch der eigentliche Sinn dieser ganzen kunstvollen Theorie, den Begriff des Wirkens zu vermeiden, da er nun einmal keine irgend genügende Erklärung zuzulassen schien. Und allerdings ist ja auch auf diesem Wege soviel erreicht, dass der Begriff des ‚transeunten Wirkens‘ wenigstens entfernt ist aus der Welt, nachdem sie einmal ‚zur Wirklichkeit zugelassen‘ ist. Allein zu dem Acte dieser ‚Zulassung‘ würden wir doch nothwendig noch eine bestimmte innere Einrichtung der Dinge hinzuzudenken haben, ein Uhrwerk gleichsam, das sie in den Stand setzt, in zeitlicher Entwickelung alle die Zustandsphasen nun wirklich nacheinander hervorzubringen, die dem, was sie vorher, als blosse Denkbilder in unzeitlicher Folgerichtigkeit versprachen, nun einen discursiven Ausdruck geben sollen; ob aber diese Ausstattung der Dinge mit einem solchen inneren Triebwerk ganz ohne ein transeuntes Wirken, wenigstens von Seiten der sie der Wirklichkeit einfügenden Macht, möglich ist, bleibt hier zum mindesten zweifelhaft. —

Und ferner: die aufeinanderfolgenden Zustände der einzelnen Wesen sollen zwar nicht mit ursprünglicher Selbständigkeit einander erzeugen, sondern sich ohne eigenen Zusammenhang mit einander abspielen gemäss den Bestimmungen eines entlegenen, vorweltlichen Fatums. Allein durchsetzen kann dieses Fatum seine Befehle in jedem Augenblick doch nicht durch seinen blos jener vorweltlichen Vergangenheit angehörigen Machtspruch, sondern doch nur durch eine solche innere Einrichtung, von der wir schon sprachen, durch ein den Dingen mitgegebenes ‚Uhrwerk‘, dem es nun überlassen bleiben muss, Zustand auf Zustand hervorzu-

1) Ebenda.

bringen, wie jene vorweltlichen Befehle es fordern. Und damit wäre wiederum ein Wirken, — freilich nur ein immanentes, - innerhalb des Einzelwesens anerkannt. — Nun lässt sich zwar der Begriff eines solchen ‚immanenten Wirkens' überhaupt in keiner Weltanschauung ganz vermeiden; und zudem ist auch klar, dass dies Wirken keine weitere Erklärung der Art seines Zustandekommens mehr gestattet, die das zu Erklärende nicht selbst schon wieder an irgend einer Stelle im Stillen voraussetzte[1]). — Allein im Zusammenhange des Gedankensystems der prästabilirten Harmonie stellt sich hier doch noch eine andere Schwierigkeit ein, welche weiterer Aufklärung bedarf: Die Forderung nämlich, dass die Zustände der einen Monade allemal mit ganz bestimmten, allgemeingesetzlich zugeordneten einer anderen zeitlich zusammentreffen sollen, kann nur erfüllt werden, wenn den einzelnen Monaden nicht nur die Reihenfolge, das Programm all' der Zustände, die sie in ihrem immanenten Wirken zu realisiren haben, vorgeschrieben und mitgegeben ist, sondern ausserdem auch noch für jedes Zeitintervall eine bestimmte „Entwickelungsgeschwindigkeit"[2]) für die Abfolge der Zustände; denn es kann ja α^n von α (in A) um eine grössere oder kleinere Zahl von Entwickelungsphasen des A entfernt sein, als das zugehörige β^n von β (in B). Diese Entwickelungsgeschwindigkeit aber, sofern sie durch das, was in anderen Wesen geschieht, mitbedingt ist, bringt in das ‚immanente Wirken' etwas der eigenen Natur des Wesens Fremdes, für sie Grundloses hinein, wodurch die Künstlichkeit, die dieser ganzen Ansicht ohnehin schon anhaftet, noch gesteigert wird. —

Allein dies Alles würde immer noch nicht völlig entscheiden; und Lotze selbst gesteht zuletzt doch zu, dass ein solches „Zusammenstimmen unabhängiger innerer Entwickelungen der Dinge" nach Art gleichgehender Uhren den

---

1) Vgl. z. B. Mikr.: III, S. 487.
2) Met. v. 79 : S. 130.

Begriff eines ‚transeunten Wirkens' aus unserer Weltansicht völlig entfernen und ihn überall ersetzen könnte, — unter der einzigen Bedingung allerdings nur, dass wir uns zu einem lückenlosen Determinismus entschliessen, „der die Gesammtheit des Weltinhaltes bis auf seine geringsten Züge vorherbestimmt denkt¹)". Nun gibt uns die unmittelbare Erfahrung aber jedenfalls den Naturzusammenhang noch nicht in der Weise eines ein für allemal festgesetzten, automatenhaften Ablaufes der Ereignisse, sondern zunächst nur als eine Summe von Naturgesetzen in hypothetischer Form; — „nur Dies steht fest, dass, wenn a ist, dann α, wenn b, dann β sein muss; ob aber a oder b, und wie oft sie sein werden, ist nicht vorausbestimmt²)". Sofern also Lotze nur unzweifelhaften Erfahrungsbestand und dessen nothwendige Voraussetzungen seinen Untersuchungen zu Grunde legen wollte, hätte er die Lehre von der ‚prästabilirten Harmonie' schon um dieser Ueberschreitung der Grenzen des Zweifellosen willen sich nicht zu eigen machen können. —

Der Kritik aller dieser verschiedenen Erklärungs- und Umgehungsversuche des ‚transeunten Wirkens' lässt nun unser Philosoph die Entwickelung und Begründung seiner eigenen metaphysischen Weltauffassung folgen, welche als eine Interpretation des Gedankens eines mechanischen, d. h. allgemeingesetzlichen Naturzusammenhanges gelten darf, in welchem ‚transeuntes Wirken' zwischen den Dingen möglich und wirklich sein soll, wenn auch unsere gewöhnliche Vorstellung davon einer Berichtigung bedarf. —

Hatten alle bisher erörterten Theorien das Problem des ‚transeunten Wirkens zwischen den Dingen' durch eine nähere Erklärung oder Ersetzung des ‚transeunten Wirkens' zu lösen versucht, so blieb, nachdem alle diese Versuche sich

---

1) Met. v. 79. S. 135. — Vgl. Kl. Schr: III. S. 342.
2) Rel. phil. v. 63: § 16. — Vgl. Rel. phil. v. 77: § 14, und ähnlich auch Met. v. 79: S. 128.

als vergeblich erwiesen, noch der andere Weg übrig, die Art der Existenz der Dinge so zu bestimmen, dass zwischen ihnen das transeunte Wirken, so wie es die unmittelbare Erfahrung darbietet, die Schwierigkeiten nicht mehr enthält, die sich bei der gewöhnlichen Auffassung der Dinge diesem Begriffe entgegenstellen. Konnte — und musste man zugleich — das ‚immanente Wirken' als letzten, für sich genügend klaren und begreiflichen Thatbestand hinnehmen, das ‚transeunte' aber nicht, so war damit der Weg eigentlich vorgezeichnet, den die Interpretation des von einem Dinge A in das andere B hinübergreifenden Wirkens nehmen musste: dies hinübergreifende Wirken war ein immanentes, sobald A und B aufhörten, zwei völlig getrennte, voneinander unabhängige Wesen zu sein, — sobald sie zu irgend einer höheren Wesenseinheit zusammengehörig gedacht wurden. — Mit der Uebertragung des für diesen Einzelfall gewonnenen Ergebnisses auf die Gesammtheit der in Wechselwirkung stehenden Dinge, waren die Grundzüge einer monistischen Auffassung der Welt unmittelbar gegeben, wie sie in Lotze's Weltansicht uns entgegentritt. –

Die genauere Begründung, die unser Philosoph der soeben in flüchtigen Umrissen angedeuteten Argumentation gegeben hat, werden wir am besten an der Hand seiner eigenen Ausführungen kennen lernen; und da jeder einzelne Zug derselben für die Würdigung des schliesslichen Ergebnisses dieser ganzen Untersuchung von Bedeutung ist, so geben wir die hier hauptsächlich in Frage kommenden Entwickelungen Lotze's in seinen eigenen Worten wieder. Wir wenden uns zunächst den Erörterungen des Mikrokosmos zu[1]): Lotze beginnt dort die in Rede stehende Untersuchung mit einer kritischen Analyse derjenigen Beziehungen', die wir als zwischen den Dingen selbst, objectiv bestehende voraussetzen*), und denen die gewöhnliche Auf-

---

[1]) Vgl. Mikr.: III. S. 482 ff! —

*) Vorhergegangen war die Erörterung der Beziehungen, welche unser vergleichendes Denken zwischen den Dingen auffindet, der 'Verfassung die Herbeiführung der zwischen den Dingen stattfindenden Wechselwirkungen zuschreibt. Er fragt, was es eigentlich heissen könne, dass solche Beziehungen ‚zwischen' den Dingen bestehen sollen. Von den ‚Vergleichungsbeziehungen' liess sich leicht eine Deutung dieses ‚Zwischen' angeben: es war zu finden „in dem Bewusstsein einer Veränderung unseres inneren Zustandes, die wir erfuhren, als unser Vorstellen (z. B.) des Grösseren in ein Vorstellen des Kleineren überging"[1]). — „Was ist es nun, was jenem Zwischen, der Beziehung nämlich, welche Dinge selbst und nicht ihre Bilder im Vorstellen verknüpfen soll, eine gleiche Wirklichkeit geben könnte? Ausser dem Seienden ist nichts als das Nichtseiende; was nicht die Dinge selbst oder in ihnen wäre, sondern zwischen ihnen, würde haltlos in das völlig Leere versinken, in welchem es weder überhaupt sein, noch mit verschiedenen bestimmten Werthen sein, am wenigsten aber als vereinigende und verknüpfende Macht über die Dinge bestehen könnte" . . . „Beziehungen, welche zwischen den Wesen stattfänden, wären jedenfalls so lange bedeutungslos, als sie nur zwischen ihnen beständen und nicht einen inneren Zustand in ihnen selbst bereits erzeugt hätten"[2] . . . , „Nur von dem, was in ihm selbst wirklich ist, von seinem eigenen Leiden, kann jedes Wesen zur Veränderung seiner Zustände veranlasst werden; nur sofern zwei Wesen dies Leiden einander anthun, können sie auf einander wechselwirkende Ursachen sein. Da sie aber dies Leiden einander nicht durch Vermittelung von Beziehungen zwischen ihnen anthun können, so muss die Veränderung, die wir in dem einen voraussetzen, unmittelbar ein Leiden des anderen sein, und es fragt sich, unter welchen Voraussetzungen die Erfüllung dieser Forderung denkbar ist[3]"). — Hier folgt dann die von uns oben bereits

---

gleichungsbeziehungen·, sowie, daran anschliessend, die Untersuchung über die ‚allgemeinen Gesetze', die wir oben besprochen (Vgl. S. 21 ff!) —
1) Vgl. Mikr.: III. S. 482 ff!
2) Vgl. hierzu die Ausführungen der Met. v. 79: S. 157 ff!
3) Mikr.: III. S. 483 f!.

besprochene Kritik der Theorien, welche die Wechselwirkung theils durch den „Uebergang' eines Stoffes oder eines Zustandes und dergl. zu begreifen, theils durch andere Annahmen — „occasionalistisch' — zu ersetzen suchten. Und Lotze kommt endlich darauf zurück, dass es „unumgänglich ist, diese Trennung" (d. i. die des zum Wirkungsvorgange Zusammengehörigen in eine Mehrheit selbständiger Dinge) „aufzugeben und in einer substantiellen Wesensgemeinschaft aller Dinge die Möglichkeit zu suchen, dass die Zustände des einen wirksame Gründe der Veränderung des anderen sind. Nur wenn die einzelnen Dinge nicht selbständig oder verlassen im Leeren schwimmen, über das keine Beziehung hinüberreichen kann, nur wenn sie alle, indem sie endliche Einzelheiten sind, doch zugleich nur Theile einer einzigen sie alle umfassenden, sie innerlich in sich hegenden, unendlichen Substanz sind, ist ihre Wechselwirkung aufeinander oder das, was wir so nennen, möglich. Denn nur dann wird die Veränderung, welche eines von ihnen erfährt, zugleich ein Zustand des Unendlichen sein und nicht nötig haben, über eine unausfüllbare Kluft hinüber diesen Zustand erst erzeugen: nur dann kann die Folge, die in dem Unendlichen gemäss der Wahrheit seiner eigenen Natur aus jenem Zustande entspringt, zugleich als eine Veränderung anderer einzelner Dinge erscheinen, ohne eines neuen Herganges zu bedürfen, welcher sie in ihnen hervorbrächte"*)[1]).

*) Diese Entwickelungen des 9 Buches des Mikrokosmos sind als eine Recapitulation der im 3. Buche (I: S. 416 ff) bereits gegebenen gedacht: der Vergleich mit jener Stelle hat insofern ein besonderes Interesse, als dort die Einheit des Weltgrundes auf einem etwas anderen Wege, durch eine Art Analogieschlusses gewonnen wird, der zugleich schon auf die Lebendigkeit und Geistigkeit des Weltgrundes einen Hinweis gibt[2]): „Wir bedenken nicht, dass alle Verhältnisse und Beziehungen wahrhaftes Dasein zunächst nur in der Einheit des beobachtenden Bewusstseins haben, das von einem Element zum andern übergehend, die getrennten durch

[1]) Mikr.: III. S. 485 f.
[2]) Mikr.: II: S, 428 f.

Der leitende Gedanke, dass die ganze Unbegreiflichkeit des transeunten Wirkens zwischen den Dingen lediglich an dem „Vorurtheil" hängt, dass man die Dinge als selbständige, einander nichts angehende fasst, während man, wenn man umgekehrt von der Thatsache der Wechselwirkung ausgeht und alle dabei in Betracht kommenden Factoren so bestimmt, dass dieser Begriff widerspruchsfrei bleibt, vielmehr zur Anerkennung einer Wesensgemeinschaft aller Dinge hingeleitet wird: — Dieser Gedanke spricht sich deutlicher noch in den Ausführungen der Metaphysik von 79 aus, denen wir uns nunmehr zuwenden: (Vgl. S. 137:) „als selbständige, als verschiedene, jedes eine Einheit in sich, sollten die Dinge in jene eigenthümlichen Verhältnisse zu einander treten, die ihre selbstgenügsamen Naturen zur Wechselwirkung nöthigten. Aber es war unmöglich anzugeben, worin dieser Uebergang aus Theilnahmlosigkeit zu metaphysischem Zusammen bestehe und es blieb ein beständiger Widerspruch, dass Dinge, die einander Nichts angehen, dennoch einander so angehen sollen, dass eines um das andere sich kümmern und sich in seinen eigenen Zuständen nach denen des anderen richten müsse. Dieses Vorurtheil muss aufgegeben werden; es kann nicht eine Vielheit von einander unabhängiger Dinge geben, sondern alle Elemente, zwischen denen eine Wechselwirkung möglich sein soll, müssen als Theile eines einzigen wahrhaft Seienden betrachtet werden; der anfängliche Pluralismus unserer Weltansicht hat einem Monismus zu weichen, durch welchen das stets unbegreifliche transeunte Wirken in ein immanentes übergeht". — Wir nehmen als Ergänzung noch das Folgende

---

seine zusammenfassende Thätigkeit umspinnt, und dass jede wirksame Ordnung, jedes Gesetz .... in ganz gleicher Weise nur Dasein haben kann in der Einheit des Einen, welche sie alle verbindet. Nicht der nichtige Schatten einer Naturordnung, sondern nur die volle Wirklichkeit eines unendlichen lebendigen Wesens, dessen innerlich gehegte Theile alle endlichen Wesen sind, kann die Mannigfaltigkeit der Welt so verknüpfen, dass die Wechselwirkungen über die Kluft hinüberreichen, welche die einzelnen selbständigen Elemente von einander ewig scheiden würde...."

hinzu: (S. 454): „ganz unmittelbar musste das, was dem einen von ihnen (d. h. den einzelnen Elementen) geschieht, auch ein neuer Zustand des anderen sein; so entstand uns als nothwendige Voraussetzung jedes besonderen Wirkens die Vorstellung jenes unablässigen und allgemeinen sympathetischen Rapports, der alle Dinge beständig verbindet, und der selbst nur unter Voraussetzung der völligen Wesenseinheit dessen denkbar ist, was zunächst uns als eine Vielheit selbständiger Anfangspunkte des Wirkens erscheint*)."

Auch hier wird ausdrücklich hervorgehoben, dass diese

---

*) Zum Vergleich fügen wir hier noch die Ausführungen in „Alter und neuer Glaube" (Kl. Schr.: III. S. 420) bei. Lotze hat dort eben die Bedeutung des Geltens allgemeiner Gesetze erörtert und fährt nun fort: Dazu, dass die von den allgemeinen Gesetzen geforderte Wechselwirkung in einem gegebenen Falle wirklich eintritt, „dazu gehört, dass nicht blos wir, die Beobachter, es wissen, dass in diesem Augenblicke zwischen zwei Wesen eine sonst nicht stattfindende Beziehung eingetreten ist, welche einen Anwendungsfall des Gesetzes bildet; sondern sie selbst, die Dinge, die sich nacheinander richten sollen, müssen etwas davon merken, dass jetzt der Augenblick einer solchen Pflichtleistung gekommen ist; sie müssen also, um aufeinander wirken zu können, gemäss ihrer augenblicklichen Beziehung, von eben derselben Beziehung, oder richtiger von einander in dieser Beziehung, etwas erlitten haben, woran sie ihre gegenwärtige Verpflichtung zum Wirken von jeder anderen unterscheiden können, die in andern Augenblicken bestand. Das heisst mit andern Worten: einen ersten Anfang des Wirkens gibt es nicht, am wenigsten sind äussere Beziehungen, die wir uns zwischen den Dingen dächten, ohne dass sie selbst noch von ihnen litten, im Stande, eine Thätigkeit aufzuregen; unablässig vielmehr befinden sich alle Dinge, obgleich in mannigfaltigster Abstufung der Art und Stärke, in dem Zusammenhang einer Wechselwirkung, welche in inneren Zuständen besteht, die sie durch eine völlig unmittelbare Sympathie oder durch ein unmittelbares Füreinandersein erfahren; jene veränderlichen Zwischenbeziehungen aber, denen wir eine wirkungserweckende Kraft fälschlich beizulegen gewohnt sind, sind in der That nur die Bilder, unter denen der Auffassung eines Dritten das erscheint, was jene zwei auf einander und auf ihn selbst bereits wirken oder gewirkt haben". — Und dieses „unmittelbare Füreinandersein" der Dinge sei nur möglich, „wenn sie vollkommen eines Wesens sind, das zugleich den Grund ihrer Natur oder dessen was sie sind und zugleich den Grund ihres Seins bildet". —

Einheit aller Einzelwesen nichts weiter sein soll, als die Aufdeckung eines Gedankens, der sich „durch blosse Zergliederung" in dem Begriffe der Wechselwirkung nachweisen lässt: „wenn wir irgend ein Wesen A sich nach dem Zustande b eines anderen B richten und in den Zustand a gerathen lassen, so liegt unmittelbar in diesem Gedanken der andere, die Veränderung b, die zunächst nur jenem B zugestossen schien, sei auch für das andere A; wir können einer weiteren Untersuchung darüber bedürfen, in welcher Weise b auch für A sei; aber nicht zweifelhaft kann es sein, dass es unter denselben formalen Begriff eines Zustandes von A zu bringen ist, den wir zuerst nur auf a anwandten. Aber die Vorstellung, dass die Zustände eines Wesens B zugleich die Zustände eines Wesens A sind, enthält unmittelbar die Verneinung des Satzes, dass A und B zwei von einander geschiedene und selbständige Wesen sind; denn die in sich abgeschlossene Einheit, durch welche jedes sich als ein anderes gegen das andere abgrenzte, würde wenn sie nicht blos dem Namen nach behauptet, sondern ihrem so zu sagen praktischen Werthe nach gemessen werden sollte, eben nur in der völligen Unberührtheit des einen durch alle Zustände des andern bestehen können[1]." —

Das Ergebniss all' der bisherigen Untersuchungen, die Weseneinheit aller wechselwirkenden Dinge, werden wir unbeanstandet hinnehmen dürfen, sofern mit diesem Ausdruck wirklich nichts weiter bezeichnet sein soll, als die Thatsache jenes unmittelbaren ‚Füreinanderseins' der Dinge in ihren Zustandsveränderungen. Wir werden die weiteren Bestimmungen, die Lotze dieser Einheit. — dem M, wie er's kurz bezeichnet, — zuspricht, daraufhin zu prüfen haben.

---

[1] Met. v. 79: S. 140. — Ebenso heisst es in „Alter und neuer Glaube" (Kl. Schr.: III. S. 421): „Anstatt zu sagen, nur durch diese Einheit des Wesens sei das Füreinandersein der Vielen begreiflich, die in ihr enthalten sind, würde man sich mit gleichem Rechte dahin ausdrücken: wo dies unmittelbare Füreinandersein der Vielen vorhanden sei, da sei eben die Einheit eines Wesens, welches sie alle umfasst". —

ob sie sich innerhalb dieses von ihm selbst vorgezeichneten Rahmens halten.

Was zunächst die Bezeichnung des Einen als eines „Wesens" betrifft (z. B. Met. v. 79: S. 139), so werden wir sie gelten lassen dürfen, sofern darunter nicht mehr verstanden wird, als dasjenige Seiende, Wirkliche, dem das Prädikat der Einheit in der Veränderung seiner Zustände zugesprochen werden kann, — wobei späterer Untersuchung vorbehalten bleibt, welchen Bedingungen Das genügen muss, dem wir eine solche Einheit sollen zuschreiben können. — Ebenso werden wir die Voraussetzung einer „Reizbarkeit". „Elastizität" oder „Selbsterhaltung„ des Einen[1]), die Lotze sogleich hinzufügt, in dem indifferenten Sinne, den er hier vorläufig damit verbindet, uns gefallen lassen dürfen; es wird damit nur das thatsächlich gegebene Hinzutreten der Folge β zum Auftreten des α als ein durch die Natur des Einen Wesens irgendwie bedingter, erzeugter Vorgang vorgestellt. Die „Selbsterhaltung" soll keineswegs in starrer Identität mit sich selbst bestehen, sondern nur die consequente Erhaltung innerhalb einer ganz bestimmten, gesetzmässig zusammenhängenden Reihe von Vorgängen oder Bethätigungsweisen sein; und überdies bleibt ausdrücklich noch unbestimmt, ob die Reactionen des Einen sich blos mechanisch auf „Erhaltung des status quo" richten, oder ob wir einen „Entwickelungstrieb zum Fortschritt nach einem bestimmten Ziel" annehmen dürfen[2]).

Nur so viel soll mit dem Ausdruck eines „sich selbst erhaltenden Wesens" allerdings gesagt sein: jene Einheit des M ist nicht nur eine systematisch-logische, nur für ein beobachtendes, zusammenfassendes Bewusstsein vorhandene, nicht etwa nur die resultirende Summe alles Geschehens, — sondern sie ist ausdrücklich als die eines realen Wesens zu fassen, für das wir die Forderung aufstellen, dass es in

---

1) Vgl. Met. v. 79: S. 138f! — Rel. phil. 75: § 20. — Rel. phil. 78—79: § 20 etc.
2) Rel. phil. 75: § 20. — Vgl. auch Met. v. 79: S. 176!

Wirklichkeit Eines ist, nicht nur anderen so erscheint; in seiner inneren Regsamkeit soll diejenige Activität als ein ‚immanentes Wirken‘ gegeben sein, durch die Das hervorgebracht und getragen wird, was uns als ‚transeuntes Wirken‘ zwischen selbständigen Dingen erscheint, während doch diesen letzteren, falls sie nur solche in sich abgeschlossene Wesen wären und nicht vielmehr zugleich ‚Theile‘ oder ‚Modificationen‘ eines sie mit allen anderen umfassenden Wesens, keinerlei über die Grenzen ihrer Naturen hinausgehende Wirksamkeit zukommen könnte!

Dies Alles dürfen wir noch als unmittelbares Ergebniss der blossen Zergliederung des Gedankens eines zwischen den Dingen stattfindenden ‚transeunten Wirkens‘ ansehen. Allein es würde sich nunmehr noch fragen, wie weit die Consequenzen jenes Gedankens in Bezug auf die Stellung der Einzelwesen gegenüber oder in dem Einen reichen. Es musste ihnen — den bisherigen Erörterungen gemäss — alle Selbständigkeit abgesprochen werden, sofern sie auf andere wirkten; aber auch nur eben, soweit sie auf andere wirkten, brauchten sie danach ihre Selbständigkeit zu verlieren. - Lotze indess bleibt hierbei nicht stehen, auch das immanente Wirken eines Einzelwesens behandelt er ohne Weiteres als immanentes Wirken in M. Es wird freilich nirgend ausdrücklich gesagt, dass es nur so sein könne und müsse; vielmehr ist sein Interesse in diesen Untersuchungen überall so vollständig von dem transeunten Wirken in Anspruch genommen, dass er die Möglichkeit, durch weitere Verfolgung auch des immanenten Wirkens innerhalb der Einzelwesen vielleicht noch zu einer Modification des Gesammtergebnisses geführt zu werden, offenbar ausser Acht gelassen hat. Ausdrücklich erwähnt wird dies immanente Wirken in diesem metaphysischen Zusammenhange überhaupt nur in dem Vorlesungsdictat zur Religionsphilosophie von 78—79; die Stelle lautet[1]): „Dieses (aus

---

1) Siehe § 20.

dem ‚Selbsterhaltungsstreben' des M hervorgehende, zu α in dem Wesen a hinzuerzeugte) compensirende Ereigniss kann ebenso gut in dem Wesen a erscheinen, und wir haben dann den Fall eines immanenten Wirkens, in welchem ein Zustand eines Wesens einen Folgezustand desselben Wesens erzeugt; aber ebenso gut auch an einem anderen Einzelwesen b, und dann findet das statt, was wir ein transeuntes Wirken eines Dinges auf das andere nennen...."

Es ist nun klar, dass der Gang des Bisherigen nur zu dem zweiten Theile des hier Behaupteten hinreichende Stützen hergeben kann. Dass das immanente Wirken innerhalb des Einzelwesens a auf einem immanenten Wirken des M beruhen kann, würde freilich, wenn einmal jedes transeunte Wirken (des a auf b) hierauf zurückführbar gedacht wird, nicht zu bestreiten sein; dass es aber hierauf beruhen muss, ist mit den bisher gewonnenen Bestimmungen weder bewiesen, noch überhaupt beweisbar! Denn ausdrücklich hatten wir uns ja vorgenommen, das immanente Wirken ein für allemal als letzten, einfachsten Grundvorgang gelten zu lassen, der keine weitere Zerlegung in einfachere Elemente mehr gestattete, noch weiterer Erklärung seines Zustandekommens bedurfte. Eben dieses immanente Wirken konnte daher auch in unserem Gedanken jenes allumfassenden Einen, des unendlichen Wesens, als einfach anzuerkennender Thatbestand zurückbleiben; die Einheit des Wesens, in dem es sich abspielen sollte, musste uns genügen, ihm solches innere Wirken als widerspruchslos denkbar zuzutrauen[1]). Nur das transeunte Wirken enthielt Widersprüche für unser Denken, solange wir die Dinge als selbständige, unabhängig von einander existierende annahmen. Nach alledem bleibt nun ganz offenbar die Möglichkeit, die Einzelwesen nur mit einem Theile ihres Seins und Wirkens in jene Eine Substanz verflochten zu denken, — demjenigen Theile nämlich, der für die transeunten Wirkungen in Frage kommt; daneben aber könnte den

---

[1]) Vgl. Met. v. 79: S. 97.

Einzelwesen ganz wohl ein mehr oder weniger begrenztes Gebiet völlig eigenen, selbständigen Seins und Lebens verbleiben, innerhalb dessen die **immanenten** Wirkungen dieses Wesens sich abspielen könnten. — Man würde hier jedenfalls den Einwand nicht erheben dürfen, dass eine solche Vertheilung der Zustände des Wesens a an so verschiedene Daseinsgebiete der **Einheit** dieses Wesens widersprechen würde; denn gerade Dasselbe, was wir hier verlangen, muss ja für das **unendliche Wesen** (M) ohnehin vorausgesetzt werden; auch **dieses** soll ja neben demjenigen Gebiete seiner Wirksamkeit, dem die von a ausgehenden transeunten Wirkungen angehören, auch ein Gebiet eines von a ganz unberührt bleibenden und dieses ebenso unberührt lassenden immanenten Wirkens haben, das z. B. die zwischen den Elementen b und c **allein** ausgetauschten Wechselwirkungen in sich fassen würde. Lässt man so innerhalb des **unendlichen** Wesens die Vertheilung seines Wirkens an ein ihm mit dem Einzelwesen a **gemeinsames** und ein anderes ihm **allein eigenes** Gebiet gelten, so wird man auch umgekehrt dem a ein solches **Gebiet eigener immanenter Wirksamkeit** zugestehen müssen, das **unberührt** bleibt von der des Unendlichen; nur **mit einem Theil** seines Seins und seiner inneren Regungen muss es nothwendig im Unendlichen wurzeln, wenn es überhaupt Zusammenhang mit der wirklichen Welt haben soll.

Die Grenzen der Zulässigkeit und die weiteren Consequenzen dieser Annahme einer Selbständigkeit der Einzelwesen im Gebiete ihres immanenten Wirkens näher zu bestimmen, überlassen wir späteren Erörterungen[1]; für den Augenblick begnügen wir uns damit, die Lücke, die sich hier zweifellos in den Lotze'schen Ausführungen findet, deutlich gemacht zu haben, und ergänzen das Ergebniss des Bisherigen in folgender Weise: Die „absolute Unselbständigkeit"[2] der Einzelwesen gegenüber M, soweit von ihr

---

1) Siehe unten.
2) Met. v. 79: S. 142.

an dieser Stelle der Untersuchung schon die Rede sein kann, ist durchaus auf diejenigen Zustände in ihnen zu beschränken, welche **Anfangs- oder Endpunkte eines transeunten Wirkens** sein sollen; die Einzelwesen brauchen nur so weit in M befasst gedacht zu werden, als ihr Wesen in solchem transeunten Wirken aufgeht. —

Es ist um so mehr zu bedauern, dass Lotze selbst diese Grenzbestimmung des Ergebnisses seiner metaphysischen Untersuchungen nicht beachtet hat, als sie für seine eigenen weiteren Anschauungen, insbesondere die Annahme freier persönlicher Geister, das unentbehrliche metaphysische Fundament bildet. Dass es sich jedoch hier nicht etwa blos um eine vorläufige Zurückstellung des Problems handelt, durch die ein zu weites Abirren des Ganges der Untersuchung vermieden werden soll, ergibt sich daraus, dass das hier Versäumte auch da nicht nachgeholt wird, wo es für die Gestaltung der weiteren Ergebnisse von Bedeutung wird, — wie z. B. bei der Kritik der materialistischen Weltauffassung [1]).

Wir haben die Begründung, die unser Philosoph seinem Substanzbegriffe gegeben jetzt so weit verfolgt, wie die Analyse des dem ‚transeunten Wirken' zu Grunde liegenden Erfahrungsbestandes uns führen konnte; und es ergab sich, wie wir sahen, die Nothwendigkeit, alle Einzelwesen, sofern und soweit sie miteinander in Wechselwirkung stehen, als Einem sie alle umfassenden, in sich hegenden realen Wesen angehörig zu denken. — Allein ausdrücklich war hervorgehoben worden, dass der gewonnene Begriff dieses allumfassenden Wesens vorläufig keinerlei weitergehende Bestimmungen enthalten sollte, als die, welche sich unmittelbar aus der blossen Analyse des Gedankens der Wechselwirkung ergaben; und so musste die Natur dieses M vor der Hand noch so ganz unbestimmt gelassen werden, dass es nun fast

---

1) Vgl. unten.

scheinen könnte, als fände innerhalb des Rahmens des hier Geforderten auch eine Naturansicht Platz, die — als wesentlich materialistische — ganz offenbar nicht gemeint ist. — Als wir die verschiedenen von Lotze selbst erörterten Theorien prüften, welche das ‚transeunte Wirken' theils als wirkliches zu erklären, theils wenigstens das Zustandekommen seiner Erscheinung für uns begreiflich zu machen versuchten, liessen wir die Frage noch unerörtert, ob nun damit alle Möglichkeiten, den Thatbestand der Erfahrung zu erklären, erschöpft seien, um Lotze's eigenen Untersuchungen nicht etwa vorzugreifen. Wenden wir uns jetzt zu dieser Frage zurück, so werden wir doch die wesentlichen Ergebnisse jener Lotze'schen Untersuchungen festhalten müssen und von jeder etwa noch möglichen Theorie der Wechselwirkung verlangen dürfen, dass sie jedenfalls den dort gewonnenen Forderungen genüge, die allein sie vor den Fehlern und Widersprüchen der früheren Theorien sicher stellen können. Diese Forderungen aber waren im Wesentlichen folgende:

Zuerst: Beim sogenannten ‚transeunten Wirken' musste die Zustandsveränderung a des A zugleich eine Zustandsveränderung des B sein, ohne irgend einer weiteren Vermittelung zu bedürfen. —

Ferner: Keinerlei blosse ‚Beziehungen' konnten genügen, die Dinge zur Wechselwirkung anzuregen; vielmehr musste jede Beziehung, die für unsere Beobachtung den Eintritt der Wechselwirkung hervorrief, selbst schon in Wirklichkeit eine Wechselwirkung sein, die diese hervorrufende Beziehung wiederum eine, und so fort in inf.; es konnte also einen Anfang des Wechselwirkens gar nicht geben; vielmehr waren alle Dinge in beständigem Wirkungszusammenhange zu denken. —

Endlich: Dieser Wirkungszusammenhang der Dinge musste jedenfalls ein solcher sein, dass er als wirklicher, letzter Grund desjenigen Geschehens gelten konnte, welches uns als ‚transeuntes Wirken' zwischen den Dingen erscheint; er musste also als eine selbstthätig wirksame Macht, ein Wesen mit ursprünglicher, eigener ‚immanenter Wirksamkeit' gedacht werden, nicht etwa als blosse Summe des Geschehens oder Summe von Gesetzen oder dergleichen, die als solche ja immer nur in dem Bewusstsein des Summirenden Dasein haben könnte. —

Allein alle diese Forderungen scheinen in der That nicht hinzureichen, um den Versuch auszuschliessen, ihnen eine Ausdeutung in rein materialistischem Sinne zu geben. Halten wir uns nur an das eine Beispiel des allgemeinen Zusammenhanges der Dinge nach dem Newton'schen Gravitationsgesetze, wonach jedes Element auf jedes andere eine durch die Grösse der gegenseitigen Entfernung ganz genau bestimmte Anziehungskraft ausübt. Betrachten wir nun Ein solches Element A, das von den anderen B, C, D .... die Entfernungen b, c, d ... hat und dem entsprechend auf diese gewisse Anziehungen ausübt (proportional den Grössen $\frac{1}{b^2}, \frac{1}{c^2}, \frac{1}{d^2}, \cdots$), so wird jede Ortsveränderung des A zugleich eine Veränderung der Entfernungen von B, C, D ... sein, und somit auch eine solche der ausgeübten Anziehungen. Nur würden wir denn freilich — entsprechend unseren früher gewonnenen Ergebnissen — die blossen räumlichen Beziehungen nicht etwa als metaphysisches Prius ansehen dürfen, denen die entsprechende Anziehung erst als eine Reaction der Dinge zu folgen hätte, — als wären die räumlichen Beziehungen und ihre Aenderungen ein Reiz für sie; vielmehr müsste die Anziehung mit einer nach concentrischen Sphären abgestuften Intensität beständig um jedes einzelne Element herum verbreitet gedacht werden, so dass jedes andere Element, wo es sich auch befinden mag, immer eine ganz bestimmte Anziehung erfährt, und dass eine jede Annäherung, z. B. des B an A. zugleich den Eintritt in Sphären von grösserer Intensität der Anziehung des A bedeutet, und umgekehrt. — Und damit können unsere beiden ersten Forderungen in der That als erfüllt gelten, während freilich der dritten nur durch eine nicht weiter beweisbare Behauptung genügt werden könnte, — dass nämlich die Gravitation der Materie oder deren Elementen als Grundeigenschaft oder ursprüngliche Bethätigungsform zukommen könnte, und dass also die Materie als das gesuchte Eine Wesen zu gelten habe. Auch die dem Einen von uns zugesprochene ‚Selbsterhaltung' würde die Materie auf mancherlei Art aufzeigen können; innerhalb des von uns hier betrachteten Gebietes der Gravitationswirkungen z. B. würde mit jeder Aenderung der Anziehungen, die A auf B, C . . . übt (also bei jeder Bewegung des B) auch eine entsprechende Aenderung der Anziehungen, die B, C . . . auf A ausüben, verbunden sein, und diese letztere dürfte als die dem Zusammenhange des ganzen Systems gemäss erfolgende Antwort auf die Veränderung des A, also als ‚Selbsterhaltung' der Einheit des Ganzen gegenüber der eingetretenen Störung, gelten. —

Es kann uns hierbei für unseren gegenwärtigen Zweck gleichgiltig bleiben, ob die Gravitation wirklich als fernwirkende Kraft zu gelten hat, oder ob der thatsächlich eintretende Erfolg der Fernewirkung in Wirklichkeit durch eine Reihe von Berührungs- oder anderen Nahewirkungen vermittelt zu denken ist. Denn nicht um diese oder jene einzelne der bisherigen Bestimmungen des Materiellen handelt es sich uns hier, sondern um die prinzipielle Frage, ob überhaupt irgend welche Wirkungsweisen des Materiellen als solchen den Forderungen zu genügen im Stande sind, welche wir gemäss unseren auf metaphysischen Boden gewonnenen Ueberzeugungen an sie zu stellen uns berechtigt glauben dürfen. — Und da scheint es nun im Hinblick auf das erwähnte Beispiel des Gravitationszusammenhanges aller materiellen Elemente in der That, dass unsere bisher erreichten Ergebnisse für sich allein noch nicht hinreichen, jede materialistische Interpretation derselben von vorn herein abzuweisen. — Es wird neuer, anderer Ausgangspunkte der Untersuchung bedürfen, um das nicht Gemeinte auszuscheiden und die Natur jenes einen Wesens derart weiter zu bestimmen, dass eine Religionsphilosopie von diesem Begriffe unmittelbaren Gebrauch machen kann.

Capitel II.

Die nähere Bestimmung des Unendlichen als eines geistigen persönlichen Wesens.

Lotze's Argumente gegen den Materialismus: Auch ein unbewusstes geistiges Prinzip unzulänglich. Ablehnung des pantheïstischen Monismus Spinoza's und Schelling's, sowie des Hartmann'schen ‚Unbewussten'. — Auch die Vorstellungen einer Weltordnung, einer sich entwickelnden Idee als oberstes Weltprinzip unbrauchbar! Nothwendigkeit der Annahme eines bewussten geistigen Wesens, dem volle, lebendige Persönlichkeit zukommt. Widerlegung der Einwürfe gegen die Annahme einer unendlichen, absoluten Persönlichkeit. — Schluss. —

Wir waren zuletzt zu dem Ergebniss gekommen, dass die auf Grund des Thatbestandes des ‚transeunten Wirkens' zu fordernde substantielle Einheit alles Seienden neben der gemeinten auch eine rein materialistische Fassung zuliess. Dementsprechend ist nun das nächste Ziel, das Lotze in seiner Religionsphilosophie sich stellt, überall die Widerlegung der materialistischen Weltanschauung. — Die Argumente, die er gegen dieselbe geltend macht, sind zum grossen Theil längst so sehr Gemeingut geworden, dass es überflüssig erscheinen könnte, hier noch einmal im Einzelnen auf sie zurückzukommen. — Dass die materialistische Ansicht als oberstes und einziges Prinzip zur Erklärung des Weltlaufes völlig unzureichend ist, — darf heutzutage — besonders im Hinblick auf die Vorgänge des geistigen Lebens — bei den philosophisch Denkenden als feststehende Ueberzeugung angenommen werden. Allein es fragt sich für uns doch noch, ob nicht wenigstens das Gebiet des ‚transeunten Wirkens" für das allein wir bis jetzt die Forderung nach substantieller Einheit der Wesen unbedingt zugestehen mussten, in der That den rein materialistischen Erklärungsweisen sich zugänglich erweisen würde und vielleicht sogar mit ihnen allein vorlieb nehmen könnte, wenn auch das Gebiet des „immanenten Wirkens", dem wir vor allem die Abfolge der inneren, geistigen Vorgänge zuzuweisen geneigt sein werden, ihnen durchaus verschlossen bleiben müsste.

Wir werden also Lotze's Argumente gegen den Materialismus überall speciell daraufhin zu prüfen haben, ob sie auch dann noch entscheidend sind, wenn die davon betroffenen materialistischen Erklärungsweisen ausdrücklich auf das Gebiet des dem transeunten Wirken zu Grunde liegenden Geschehens eingeschränkt werden.

Zunächst erinnert Lotze daran, dass die Materie niemals an sich selbst als Gegenstand sinnlicher Anschauung gegeben sei, vielmehr nur von unserer Vernunft zu der Mannigfaltigkeit der Erscheinungen hinzugedacht werde, um deren Zusammenhang unter einander zu begreifen [1]. Unser ganzer Glaube an das Vorhandensein einer materiellen Aussenwelt beruht ja lediglich auf unseren Empfindungen, Anschauungen, Vorstellungen [2]), ist also lediglich Product unserer eigenen geistigen Arbeit [3]). — Daraus würde nun freilich noch keineswegs ein Recht für die Weltansicht des „subjectiven Idealis-

---

1) Rel. phil. 78—79. § 23.
— — 77: § 28.
2) Rel. phil. 78—79: § 26.
3) Rel. phil. 77: § 28.

mus" zu entnehmen sein, welcher die Aussenwelt überhaupt leugnet und Alles, was wir so nennen, blos als innerlichen Traum des jedesmal Vorstellenden gelten lassen will: „Denn es ist klar, dass auch dann, wenn eine reale Aussenwelt ist, sich alles ebenso verhalten muss, nämlich dass diese Aussenwelt nicht in Person in uns übergehen kann, sondern dass wir von ihr etwas wissen können nur durch Vorstellungen die auf ihre Anregung in uns erzeugt werden, und die sich dann genau so, wie jetzt, als ein blosses Gewebe innerlicher Affectionen unser selbst darstellen würden" [1]).

Allein es ist doch anderseits auch keineswegs nothwendig, den ausser uns anzunehmenden Grund für die Reihenfolge und Verknüpfung unserer Vorstellungen sich in eben der Gestalt zu denken, unter der er uns in unseren Anschauungen erscheint oder in unmittelbarer Konsequenz derselben gedacht wird: „Keine der wesentlichen Eigenschaften, durch welche wir diese dem Geiste scheinbar völlig fremde Realität der Aussenwelt charakterisiren, nöthigt uns, als das Subjekt, von dem sie prädicirt werden, ein Etwas anzunehmen, das in ursprünglichem Gegensatz zu dem geistig-Realen stehe" [2]).
— Und nun folgt weiter die Analyse der einzelnen Momente, die wir im Begriff des Materiellen enthalten denken.

Prinzipiell wird zunächst bemerkt, dass alle die Prädicate, welche wir der Materie beizulegen pflegen, als Raumerfüllung, Undurchdringlichkeit, Bewegung u. s. w., keineswegs etwa als Bestimmungen der eigentlichen Natur dieser Materie denkbar sind, vielmehr nur gewisse Verhaltungsweisen bezeichnen und das Subjekt, dem diese zukommen, völlig unerwähnt lassen; es werde uns eine „cognitio circa rem" geboten an Stelle einer „cognitio rei", um die es uns doch zu thun war [3]). Dem gegenüber würde jedoch der Materialismus behaupten können: wenn die Materie auch

---
1) Rel. phil. 77: § 28. —
2) Rel. phil. 78—79: § 26.
3) Rel. phil. 78--79: § 23. Vgl. auch Met. v. 79: S. 335. Mikr.: 1.
S. 400 und Med. Psychologie, S. 56 ff!

freilich ihrem Wesen nach uns unbekannt sei, so müsse sie dennoch als ein bestimmtes Reale anerkannt werden, dem zufolge dieser seiner bestimmten Natur eben die uns bekannten Verhaltungsweisen zukämen[1]). Und in dieser Fassung würde diese Ansicht allerdings nicht weiter angreifbar sein, da sich von dem „Unbekannten" natürlich niemals beweisen lässt, dass es das ihm Zugemuthete nicht leisten könne.

Auf die uns bekannten Eigenschaften des Materiellen wird also unsere Beurtheilung der Zulänglichkeit dieser ganzen Ansicht sich zu beschränken haben. — Was nun hier zunächst die sinnlichen Qualitäten anlangt, durch die der naiven Weltansicht die Körperwelt im Gegensatze zur geistigen charakterisirt erscheint, so begnügt sich Lotze mit dem kurzen Hinweis darauf, dass diese alle längst von der Naturwissenschaft als eine Mannigfaltigkeit von Erscheinungen nachgewiesen sind, „die garnicht objektiv an den Dingen, als deren Eigenschaften, sondern blos subjektiv in den empfindenden Seelen als Affectionen dieser Seelen denkbar sind". Es würde sich garnicht sagen lassen, was man unter dem Dasein einer solchen sinnlichen Qualität, so lange sie nicht empfunden wird, überhaupt vorstehen könnte[2]). Wir werden alsbald noch einmal von anderer Seite her auf die sinnlichen Qualitäten des Materiellen zu sprechen kommen. Für die Erklärung des transeunten Wirkens, um die es sich für uns vor allem handelt, leisten sie so, wie wir sie in der Wahrnehmung allein kennen, jedenfalls auch dann nichts, wenn wir sie als objektive Eigenschaften der Materie einmal gelten lassen wollten; und gerade dies war es ja, was wir von der Materie wissen wollten: ob überhaupt, und durch welche Eigenschaften etwa sie im Stande wäre, das hervorzubringen, was uns als „transeuntes Wirken" vorliegt.

---

1) Vgl. Met. v. 79: S. 336, sowie Met.-Dictat v. 71: § 56.
2) Met.-D. v. 71: § 71. Vgl. auch Mikr. I. S. 391 u. 398.

Da bieten sich uns denn die von den Naturwissenschaften aufgestellten Qualitäten des Materiellen dar, denen Lotze sich nunmehr zuwendet. Diese, der unmittelbaren Erfahrung durch Sinneswahrnehmung entzogen, sollen es sein, welche sowohl diese Sinneswahrnehmung in uns hervorbringen, als auch den Wirkungszusammenhang unter den Dingen herstellen. Es handelt sich hier vor allem um die Eigenschaften der räumlichen Ausdehnung, des Widerstandes, um Bewegung, sowie anziehende und abstossende Kräfte, — kurz, die in der Mechanik verwendeten, sogenannten Eigenschaften der Dinge. — Allein zuerst: schon innerhalb der Naturwissenschaften selbst ist man längst dazu übergegangen, die unendlich theilbare Ausdehnung des Materiellen als blossen Schein zu fassen, dem ein Zusammenwirken einer gewissen Mannigfaltigkeit untheilbarer, nur durch übersinnliche Eigenschaften bestimmter Wesen zu Grunde liegt[1]). Nur den Atomen selbst konnte man eine gewisse sehr kleine Ausdehnung einstweilen noch lassen, indem man diese Ausdehnung durch die ausdrückliche Annahme ihrer vollständigen Unzugänglichkeit für alle Sinneswahrnehmung, sowie alle mechanischen Werkzeuge vor jedem Versuch einer wirklichen Nachprüfung sicher stellte. Allein metaphysisch hält Lotze auch diese Vorstellungsweise für unzulässig: Ausdehnung scheint ihm „überhaupt nicht als Prädikat eines einfachen oder einheitlichen Wesens, sondern nur als scheinbare Eigenschaft einer verbundenen Vielheit" möglich[2]).

Ob die von Lotze gegen die Annahme einer Ausgedehntheit der Atome geltend gemachten Gründe völlig zureichen, kann allerdings zweifelhaft erscheinen. So wirft er im Mikrokosmos (I, 402) die Frage auf, welches denn der Grund der bestimmten Ausdehnung sein könne, die jedes Atom unveränderlich erfülle; und er glaubt, diesen nur darin

---

1) Mikr.: I. 399.
2) Met. v. 79. S. 372.

erblicken zu können, dass die übersinnliche Natur dessen, was hier wahr oder scheinbar sich ausdehnt, nur eben zur Erfüllung dieses und keines grösseren Raumes, nur zur Herstellung dieser und keiner grösseren unzerreissbaren Scheingestalt ausreichte, — so dass also zuletzt die Grösse und Ausdehnung nur der räumliche Ausdruck für das Mass intensiver Kraft wäre, mit der nicht eigentlich das Wesen, sondern seine Wirksamkeit den Raum erfülle. — Allein hier würde sich doch immer wieder einwenden lassen, dass dieser ganze Widerlegungsversuch darin eben schon verfehlt sei, dass er da noch nach einem Grunde fragt, wo ausdrücklich von einer letzten elementaren Eigenschaft die Rede war, die als Thatsache einfach hingenommen zu werden beanspruchte, so wenig sie uns auch für sich verständlich sein mag. In der Metaphysik von 79 (S. 368 ff.)[1]) schliesst Lotze so: die Weseneinheit des Atoms würde fordern, dass jeder Zustand, der in Einem Punkte desselben eintritt, zugleich Zustand aller geometrischen Punkte des Atoms wäre, ohne jeden von Punkt zu Punkt fortschreitenden Vermittelungsvorgang; so müsste auch die Bewegung eines Punktes a am Ende eines Atom-Durchmessers zugleich eine solche des am anderen Ende desselben Durchmessers befindlichen Punktes a_1 sein, mithin die Bewegung sich durch die wenn auch noch so kleine Strecke $a\,a_1$ hin ohne allen Zeitverlauf fortgepflanzt haben. Diese Folgerungen aber „treten zwischen unsere sonstigen mechanischen Vorstellungen zu fremd, um erträglich zu sein; man muss entweder die Einheit oder die Ausdehnung des Atoms aufgeben, um ihnen zu entgehen". (S. 371). Allein es würde doch von vornherein nicht als so ganz absurd betrachtet werden dürfen, den Atomen, als den letzten, einfachsten Bausteinen der Erscheinungswelt, mechanische Verhältnisse zuzusprechen, die in den zusammengesetzten Gebilden, mit denen es die Erfahrung und die ihr entnommene Mechanik zu thun hat, nicht vorkommen; vielmehr würden

---

[1]) Vgl. auch Met.-Dictat v. 71: § 62!

wir jede Art von Eigenschaften hier gelten lassen müssen, von denen sich nur irgendwie begreiflich machen lässt, wie die damit ausgestatteten Atome in ihrem massenhaften Zusammenwirken diejenigen Erscheinungen hervorbringen können, die wir an den zusammengesetzten mechanischen Gebilden beobachten oder indirekt nachweisen können. — Nun kann aber die Ausdehnung, die wirksame Raumerfüllung, die einem Körper zukommt, ihrem Effekte nach immer durch eine Summe zusammenwirkender Kräfte ersetzt werden, die von einem oder mehreren Punkten („Kraftcentren") ausgehend gedacht werden. Die Festhaltung einer Ausdehnung der Atome würde also nur dann principielles Interesse haben, wenn einerseits die Vorstellung von Kräften, wie die Mechanik sie lehrt, auf unüberwindliche metaphysische Schwierigkeiten stiesse, — was allerdings wohl der Fall sein dürfte, — und wenn es anderseits gelänge, mit ihrer Hülfe den Begriff von Kräften, die durch den leeren Raum hin wirken, völlig aus der Naturerklärung zu beseitigen. Allein es würde sich leicht zeigen lassen, dass dazu keine Aussicht vorhanden ist; aus blossen Bewegungen absolut starrer Massentheilchen im Raume und deren Zusammenstössen die ganze Mannigfaltigkeit der Erscheinungswelt ableiten zu wollen, wäre ein völlig hoffnungsloses Unternehmen*).

---

*) Hierzu sei kurz Folgendes bemerkt: als einigermassen plausible Grundeigenschaft könnten wir den Atomen nur eine gleichförmige, ins Unendliche geradlinig fortlaufende Bewegung zuschreiben, womit jedoch überhaupt nichts erklärt werden könnte; man würde also die bewegten Elemente einander ablenken lassen müssen; dies könnte aber nur entweder durch wechselseitig ausgeübte Kräfte geschehen, — welche Vorstellung wir ja eben vermeiden wollten, — oder durch Zusammenstösse der Elemente. — Allein diese Zusammenstösse würden alsdann allemal den Verlust eines Theiles der bisher vorhanden gewesenen Energie bedeuten, wie sich leicht zeigen lässt. Denn in den Atomen, als einfachsten, nicht wieder aus kleineren Theilchen zusammengesetzten Elementen, würde weder eine innere „molekulare" Bewegung oder Oscillation angenommen werden dürfen (also kein Wärme-Aequivalent für die

Gibt man jedoch die Ausdehnung des Körperlichen, auch die der Atome, einmal auf, so würde man sich nun allerdings über den Begriff der Kraft und die Art ihres Wirkens durch den leeren Raum hin auszuweisen haben. Nun verstehen wir unter einer „Kraft" zunächst nichts weiter, als eine von einem Elemente A auf ein anderes B geübte Wirkung, die entweder beständig oder unter gewissen Bedingungen stattfindet. Allein nach unseren früheren Festsetzungen (S. 32 f.) kann das Element A seine Wirkung auf B nicht dadurch ausüben, dass es seine Kraft durch's Leere hindurch nach B hinübersendet; und ebenso wenig konnten räumliche Beziehungen zwischen A und B als reale Bedingungen der Wirksamkeit der Kraft gelten. Vielmehr mussten wir schon zu der Vorstellung greifen, als sei die von A ausgeübte Kraft in sphärenmässig abgestufter Intensität beständig rings um A herum gelagert (Vgl. S. 52 f.) — Allein auch diese Anschauungsweise werden wir metaphysisch nicht halten können: die Kraft kann nicht nach Art eines Substrates im Raume verbreitet gedacht werden, auch da gegenwärtig, wo kein Gegenstand zur Bethätigung sich ihr darböte; und auch selbst wenn dies zulässig wäre, würde ihr blosses Dasein am Orte des B noch in keiner Weise den Einfluss; z. B. die Bewegung, — erklären, den sie auf B ausübt[1]).

Es zeigt sich also, dass die Beibehaltung des räumlichen Momentes in den Bestimmungen der Natur des

---

vor dem Zusammenstoss vorhanden gewesene Massenbewegung!), noch auch eine elastische Struktur (durch die ein äquivalenter Gegenstoss und so eine neue Massenbewegung erzeugt werden könnte); denn „Elastizität" setzt wieder ein Zusammen kleinster Theilchen voraus, die einander nur durch wechselseitig ausgeübte Kräfte in die frühere Lage zurückbringen können, wenn diese gestört ist, keinesfalls aber durch blosse gegenseitige Lagerung und ihre Raumerfüllung. — Das Resultat wäre also, dass jeder derartige Naturerklärungsversuch unvermeidlich mit dem Gesetz von der Erhaltung der Energie in Conflict kommen müsste. —

[1]) Vgl. hierzu die eingehenden Erörterungen der Met. v. 79. S. 387 ff. sowie Met.-D. v. 71: § 61. —

Materiellen zu keinerlei befriedigenden Erklärungsweisen — auch nur des Naturgeschehens — führen kann. Wir werden nicht blos die **Idealität des leeren Raumes**, sondern auch die **nur subjektive Bedeutung der Ausdehnung und der gegenseitigen räumlichen Lagenverhältnisse der Dinge** anzuerkennen haben und zu folgender Gestaltung unserer Weltauffassung genöthigt sein[1]): „Ausser uns vorhanden ist eine unbestimmbare Anzahl zum Wirken und Leiden fähiger Wesen, deren qualitative Naturen mannigfach verschieden sind.... Wenn nun verschiedene von diesen realen Wesen auf unsere Seele wirken,... so ist es nun blos die eigenthümliche Thätigkeitsweise der Seele, welche diese ihr zu Theil gewordenen Eindrücke in die Sprache räumlicher Anschauung übersetzt und sich das Bild einer ausgedehnten Aussenwelt erzeugt, in welcher die Bilder der einzelnen Dinge solche Plätze gegenseitig einnehmen, welche symbolisch die grössere oder geringere Engigkeit ihrer intelligiblen Beziehungen in jedem Augenblick ausdrücken. In diesem von uns angeschauten Raume schreiben wir dann uns selbst oder unserem Körper einen bestimmten Platz zu. In Wahrheit aber sind nicht wir im Raume, sondern der Raum in uns!" —

Was aber nach Abzug des räumlichen Momentes die Verhaltungsweisen des Materiell-Realen noch sonst bedeuten, das Alles würde, wie Lotze bemerkt, in keiner Weis' nothwendig machen, für sie ein dem geistigen völlig fremdes Prinzip aufzusuchen; vielmehr bezeichnen „Anziehung" und „Abstossung" — eben abgesehen von dem Räumlichen darin — nur „Verwandtschaften und Gegensätze, gegenseitige Ausschliessungen oder Zusammengehörigkeiten, welche zwischen Elementen von ursprünglich geistiger Natur, die aber innerhalb dieses allgemeinen Charakters verschieden sind, ganz ebenso stattfinden können, wie zwischen solchen, die innerhalb eines anderen Charakters verschieden von einander

---

1) Rel. phil. 78—79: § 27.

wären. Nur demjenigen Geiste, welcher diese Verhältnisse anderer geistiger Wesen von aussen ansieht und sich dieselben in der Sprache seiner räumlichen Anschauung symbolisirt, nur für diesen erscheinen jene physischen Thätigkeiten als etwas Besonderes, dem geistigen Leben Fremdes, das an ein eigenes blindes Substrat geknüpft sei, während sie in Wahrheit nur die Consequenzen innerer Zustände der Dinge sind, welche völlig unseren geistigen Zuständen verwandt sein können"[1]. — Freilich kann diesen Andeutungen für sich noch kein besonderes Gewicht beigemessen werden: sie können nicht mehr leisten wollen, als dass sie der so verbreiteten Voreingenommenheit für rein materielle Erklärungsprinzipien in unserer Weltauffassung ein Gegengewicht bieten. —

Das Schwergewicht Dessen, was der materialistischen Naturansicht widerstreitet, liegt für Lotze durchaus in der metaphysischen Unzulässigkeit eines solchen Begriffes vom Realen, wie jene Ansicht ihn allein aufzustellen im Stande ist. — Von der Thatsache der Veränderung der Dinge ausgehend, hatte er in der Ontologie die Bedingungen aufgesucht, unter denen einem Wesen im Wechsel seiner Zustände doch eine Einheit zugesprochen werden kann. Solch' einen Zustandswechsel, also eine Veränderung der Wesen selbst anzunehmen, war nothwendig, weil eine Verlegung der in der Erfahrung doch einmal als Thatsache gegebenen Veränderung in die blossen Beziehungen zwischen den Dingen nicht angängig war; denn zwischen den Dingen, ausserhalb der Sphäre ihres Leidens und Wirkens, konnte überhaupt nichts sein, und so würden die Veränderungen aus aller Wirklichkeit vollständig herausfallen, wenn sie nicht an den Dingen selbst und in ihnen stattfänden. Soweit die Beziehungen zwischen den Dingen überhaupt etwas Wirkliches bedeuten sollten, konnten sie nur

---

[1] Rel. phil. 78—79: § 28; ebenso Rel. phil. 77: § 28, am Schluss.

in den unmittelbaren Wechselwirkungen der Dinge gefunden werden; diese aber sind immer zugleich Veränderungen der Dinge selbst[1]).

Der Sinn der Einheit, die man den Dingen auch in der Veränderung ihrer Zustände noch zuschreiben konnte, wurde aber nur in der Consequenz gefunden, „mit welcher wechselnde Zustände jedes Dinges sich so an einander knüpfen, dass sie, Rücksicht genommen auf die Bedingungen, unter denen sie entstanden, als veränderliche und mannigfaltige Ausdrücke eines und desselben Gedankens erscheinen, dessen Verwirklichung eben das Wesen des Dinges ist"[2]). Diese Folgerichtigkeit der inneren Zustände aber, in der allein wir die beständige Einheit der Dinge finden konnten, ist als solche Folgerichtigkeit doch zunächst nur für uns, die beobachtenden Subjekte, vorhanden, und damit noch keineswegs als etwas die Dinge selbst wesentlich Angehendes garantirt. Es müsste sachlich in den sich verändernden Dingen noch irgend etwas hinzukommen, wodurch die verschiedenen aufeinander folgenden Zustände nicht als verschiedene Wirklichkeiten, die einander ablösen, sondern wirklich als Zustände eines Wesens zu gelten berechtigt wären[3]). Nicht nur für einen Beobachter sollen die Zustände des Wesens zu einer Einheit zusammenfassbar sein, sondern für das Wesen selbst soll die Einheit da sein und sich geltend machen.

---

1) Vgl. Mikr. III. S. 524 und Met. v. 79: S. 159. — Lotze führt als Argument gegen die Verlegung der Veränderung in die Beziehungen zwischen den Dingen vor allem an, dass man so doch höchstens aus der äusseren Natur, niemals aber aus der Natur des beobachtenden Wesens selbst, für welches diese Veränderung stattfindet, alle Veränderung eliminiren könnte (Met. v. 79: S. 60; ebenso Met.-D. v. 71: § 27 etc.). Allein von diesem Argumente können wir vorläufig noch keinen Gebrauch machen, da wir in Betreff der geistigen Wesen, soweit ihre Naturen nicht einem transeunten Wirken unterstehen, uns alle weiteren Bestimmungen noch vorbehalten mussten! — (Vgl. unten S. 69 ff.) —

2) Mikr.: III. S. 511!

3) Vgl. Mikr.: III. S. 522; Met. v. 79: S. 185 und Met.-D. v. 71: § 30 etc.

Wie aber diese Forderung befriedigt werden könnte, dafür können wir nur ein einziges Beispiel namhaft machen, nämlich das geistige Wesen, wie es unser eigenes inneres Leben uns kennen lehrt: „Nur in der Empfindung, die den empfundenen Inhalt zugleich als etwas für sich von uns abstösst und ihn zugleich als den unsern offenbart, wird es uns klar, was damit gemeint ist, dass wir irgend ein a als Zustand eines Wesens A fassen, nur dadurch, dass unsere beziehende Aufmerksamkeit Vergangenes und Gegenwärtiges in der Erinnerung zusammenfasst, zugleich aber die Vorstellung des beständigen Ich entsteht, dem sie beide angehören, wird uns klar, was es heisst und dass es möglich ist, Ein Wesen im Wechsel vieler Zustände zu sein; dadurch also, dass wir uns als solche Einheiten erscheinen können, sind wir Einheiten" [1]).

Dies Alles aber scheint nicht übertragbar auf Selbstloses, Ungeistiges; denn ganz wesentlich ist hier der geistige Factor der auf Gedächtniss und Erinnerung sich stützenden beziehenden Thätigkeit, ohne den selbst unser Geist keinen nachweisbaren Anspruch mehr hätte, als einheitliches, beharrendes Wesen zu gelten: „Erzeugte ein Geist zwar in jedem Augenblicke auf äussere Reize Rückwirkungen, welche zusammen für einen zweiten Beobachter eine Reihe bildeten, so consequent in sich zusammenhängend, wie die folgerichtigste Melodie: er selbst aber wüsste davon nichts, sondern verlöre gedächtnislos in jedem Augenblicke sich selbst in die augenblickliche Form seines Wirkens und in jedem nächsten Augenblicke über der neuen Wirkung die Erinnerung der vorigen, so würde dieser Geist nicht mehr eine sich verändernde Einheit, nicht eine Substanz sein, die sich in der Veränderung erhält, sondern eine Reihe in der Wirklichkeit nach einem bestimmten Gesetze einander ablösender Existenzen, von denen garnicht zu sagen wäre, wodurch ihre Ähnlichkeit sich von der Aehnlichkeit ur-

---

1) Met. v. 79: S. 185 f.

sprünglich verschiedener und verchieden bleibender Substanzen unterschiede"[1]). Kurz also: so lange von einem Wesen nicht bestimmt angegeben oder wenigstens wahrscheinlich gemacht werden kann, dass und wie es sich selbst als Einheit zu fassen vermag, so lange würde uns jede Berechtigung fehlen, ihm Einheit zuzuschreiben.

Dies aber können wir in der That nur vom Geiste behaupten; und wir würden demnach zu der Annahme fortschreiten dürfen, dass, wenn anders wir Recht gehabt haben mit der Behauptung der Einheit des Weltgrundes, dieser nicht anders gefasst werden kann, als von geistiger Natur.

Dem gegenüber würde der materialistischen Ansicht wiederum nur die Zuflucht zu uns ganz unbekannten anderen Möglichkeiten übrig bleiben: Nachdem einmal Eine Lösung des Problems der Einheit im Wechsel vieler Zustände gegeben sei, die Lösbarkeit überhaupt also anerkannt, so könne man nun nicht mehr prinzipiell jeden Gedanken daran abweisen, dass es dann auch noch andere, unsere Anschauung freilich völlig sich entziehende Lösungen geben könne. Allein auch diesem Einwand sucht Lotze zu begegnen; und zwar einmal durch den Hinweis auf die Unstatthaftigkeit der Berufung auf ein Unbekanntes, dessen Annahme, ohne irgend etwas nützen zu können, grundlos den uns unvermeidlichen Folgerungen widerstreitet[2]); sodann aber spricht er jener Ansicht überhaupt die Berechtigung ab, das als Sein zu bezeichnen, wovon sie redet; denn: „welche Art des Seins könnten wir von Demjenigen behaupten, aus welchem wir die allgemeinen Charaktere der Beseelung. jede thätige Beziehung auf sich selbst und Unterscheidung von Anderem ausdrücklich ausgeschlossen hätten? das kein Bewusstsein seiner eigenen Natur und seines Daseins hätte, seine Zustände nicht fühlte, in keiner Weise sich selbst als ein Selbst besässe? dessen ganze Leistung darin bestände, als Zwischenglied Wirkungen, von denen es selbst nichts

---
1) Mikr.: III. X. 522 f!
2) Met. v. 79: S. 188.

litte, auf andere seines Gleichen zu übertragen, die eben so wenig durch dieselben afficirt würden, bis zuletzt durch deren Fortpflanzung auf beseelte Wesen erst in diesen ein zusammenhängendes Bild aller dieser Thatsachen entstände? Wenn wir behaupten, dass ein Solches eben nicht sei, meinen wir nicht eine Folgerung auszusprechen, die sich mit noch nachzuweisender Berechtigung an seine Vorstellung knüpfte, sondern finden in dieser Beschreibung unmittelbar die Definition eines blossen Wirkens, welches geschieht und ein Seiendes voraussetzt, von dem es ausgeht, ein anderes, in dem es endet, nicht aber ein Drittes ausser beiden ist" [1]).

Allein völlig entscheidend würde das Alles freilich nicht sein können, so lange der Materialismus auf der zwar tadelnswerthen, aber doch niemals ihm abzuschneidenden Berufung auf ganz Unbekanntes einfach verharrt, über dessen mögliche und nicht mögliche Leistungen sich eben nicht weiter streiten lässt. Lotze fügt daher noch ein letztes Argument gegen die materialistische Weltanschauung hinzu, gegen welches auch diese Ausrede nichts mehr helfen würde: Was als Prinzip der ganzen Welt soll gelten können, von dem muss gezeigt werden, wie auch das geistige Leben aus ihm abgeleitet werden könne.

Dass nun hieran jeder materialistische Erklärungsversuch scheitern muss, wiederholen wir hier nicht mehr; allein für uns tritt hier eben die Frage ein, ob denn wirklich — und bis zu welchen Grenzen etwa — auch das geistige Leben aus jenem Einen Weltgrunde ableitbar sein muss, da jene von uns geforderte substantielle Einheit aller Wesen — wenigstens so lange nicht andere Untersuchungen noch etwa uns weiterzugehen nöthigten — deren Naturen doch nur so weit umfassen sollte, als dieselben in transeuntem Wirken aufgingen. — Allein so gewiss innerhalb der geistigen Wesen ein rein immanentes Wirken, — das wir

---

1) Met. v. 79: S. 189.

hier also aus dem Spiele zu lassen hätten, — vorkommt, so gewiss ist es doch anderseits auch, dass sie mit der Aussenwelt in beständiger Wechselwirkung stehen und demzufolge mit einem Theile ihres gesammten Wesens jedenfalls auch jenem Unendlichen angehören müssten. — Zunächst würden wir in dem Vorgang der **Wahrnehmung** zweifellos Einwirkungen irgendwelcher Art von Seiten der Aussenwelt auf unsere Seele anzuerkennen haben. Denn, wenn auch freilich die sinnlichen Qualitäten unserem Bewusstsein sogleich als Eigenschaften des ausser uns Wirklichen gegeben sind, das wir ganz unmittelbar, rein contemplativ zu ergreifen glauben, ohne irgend welche Wirkungen von ihm zu erfahren: so hat doch die Naturwissenschaft längst gezeigt, dass dieses Auftreten von Bildern der Aussenwelt in unserem Bewusstsein durchaus abhängig ist von continuirlich durch den ganzen Raum zwischen Object und Sinnesorgan, sowie weiterhin zwischen diesem und den Centraltheilen des Nervensystems, hindurch sich fortpflanzenden vermittelnden Wirkungen. Es muss also jedenfalls eine **Wechselwirkung** zwischen Objekt und Seele stattgefunden haben, bevor eine Wahrnehmung soll eintreten können. Hierbei haben wir übrigens zu beachten: im **Wahrnehmungsbewusstsein** findet sich unmittelbar nur das **wahrgenommene Objekt, nichts** von dem seine **Einwirkung auf uns vermittelnden Vorgang.** Die eigentliche **Wirkung auf die Seele** anderseits kann nur von den Centraltheilen im Gehirn ausgehend gedacht werden, da bis zu ihnen alle Reize fortgeleitet sein müssen, um Empfindungen auslösen zu können. Von einem Wirken jedoch, — ja auch nur von dem Dasein — der Centralorgane finden wir in unserem Bewusstsein wiederum **nichts**; und ebensowenig von einer Thätigkeit der Seele, darauf gerichtet, die hier empfangenen Erregungen zu Bildern der Dinge umzugestalten und diese nach aussen hin zu projiciren. Beides, — sowohl das Leiden von der Einwirkung der nervösen Centraltheile, wie auch die Verarbeitung der hier empfangenen

Eindrücke zu Empfindungen und die Verlegung der Empfindungsinhalte nach aussen, — würden wir also immer nur einem unbewussten Theile unseres Seelenlebens zuschreiben können. —

Ein weiteres, nicht minder zweifelloses Beispiel einer Wechselwirkung zwischen unserm Geist und der Aussenwelt finden wir in unseren Handlungen, durch die wir Bewegungen materieller Elemente herbeiführen. — Auch hier ist es keineswegs so, dass unser Wille selbstthätig unseren Arm bewegt und die gewollte Handlung hervorbringt; vielmehr wissen wir wiederum und können experimentell nachweisen, dass der Erfolg des Willens abhängig ist von einer von den Centraltheilen ausgehenden, continuirlich fortschreitenden Vermittelung durch Vorgänge in der Nervenleitung, welche die betreffenden Muskeln erreichen und auf sie einen Reiz ausüben müssen, welcher die gewollte Bewegung auslöst. —

Wieder aber finden wir im Willensbewusstsein nichts von einer Einwirkung des Willens auf die Bewegungscentra, und ebenso wenig von dem Vermittelungsvorgang; nur die Vorstellung der zu vollführenden Bewegung ist uns gegenwärtig, und daneben allenfalls noch die Erinnerung, wie uns früher bei ähnlichen Bewegungen zu Muthe war. Es bleibt also auch hier nichts übrig, als dem unbewussten Theile unseres Seelenlebens jene Einwirkung auf die Centraltheile zuzuschreiben, und ebenso die ihr vorangegangene zweckmässige Anordnung dieser Einwirkung nach Massgabe der gegebenen Vorstellung der zu vollführenden Bewegung.

Endlich ein Drittes: die Entstehung des geistigen Lebens im Einzelwesen! — Soweit geistiges Leben uns in der Erfahrung gegeben ist und in bemerkbarem Zusammenhange mit der Wirklichkeit, von der allein wir zu reden haben, finden wir seine Entstehung überall an die vorangehende Bildung eines Organismus gebunden, der dem geistigen Wesen Einwirkungen der Aussenwelt übermittelt und umgekehrt gewisse Regungen im Innern desselben zu

Anfangspunkten von Wirkungen in der Aussenwelt werden lässt. — Dieser Organismus selbst kann auf mechanischem Wege erzeugt gedacht werden; allein aus ihm, als blossem Zusammen materieller Theilchen, kann geistiges Leben nicht hervorgehen. Doch scheint auch hier die Möglichkeit zunächst nicht ausgeschlossen, eine Entstehung des bewussten aus unbewusstem Seelenleben anzunehmen, — falls nicht etwa dieser Gedanke aus anderen Gründen sich als metaphysisch unzulässig erweist. Alsdann aber würde doch für die erste Entstehung dieses unbewussten Seelenlebens wenigstens in jenem Einen Weltgrunde ein Erklärungsprinzip aufzuweisen sein; und wollte man die Annahme einer ewigen Präexistenz vorziehen, so würde doch immer noch das erste wirksame In-Beziehung-treten desselben zu dem Organismus das Zurückgreifen auf den allumfassenden Weltgrund nothwendig machen, sofern auch hier ein ‚transeuntes Wirken' vorliegt. —

Man würde leicht noch eine Reihe weiterer Beispiele der Wechselwirkung zwischen Aussenwelt und Geist heranziehen können, — so z. B. die Intensitäts-Steigerungen und -Verringerungen der Lebendigkeit dieses letzteren in ihrem Zusammenhange mit Zuständen des Körpers, den wir ja dem Geiste gegenüber ebenfalls zur „Aussenwelt" zu rechnen hätten. Allein das Obige genügt, um das, worauf es uns ankommt, zweifellos zu machen: dass nämlich ein Theil der in unserem Seelenleben sich abspielenden Vorgänge sicher seine Entstehung gewissen Einwirkungen der Aussenwelt verdankt, ein anderer Theil umgekehrt die mittelbare Ursache von Veränderungen in dieser ist. Und so wird dasjenige Prinzip, nach welchem alles transeunte Wirken erklärbar sein soll, auch diese beiden Reihen von geistigen Vorgängen in sich fassen müssen, überdies aber auch noch fähig sein, entweder geistiges Leben, bewusstes oder unbewusstes, aus sich selbst hervorzubringen oder dem anders woher stammenden doch wenigstens in sich die Möglichkeit eines transeunten Wirkens und Leidens darzubieten. Dies aber kann nur dadurch geschehen, dass eine Reihe von Zuständen des geistigen Einzelwesens zugleich eigene Zustände des allumfassenden Einen, des Weltgrundes sind, in welchem aller transeunte Wirkungszusammenhang begründet ist. —

In allen den genannten Beispielen waren diejenigen Theile des geistigen Lebens, in welchen unmittelbar der Austausch von Wechselwirkungen mit der Aussenwelt vor sich ging, immer als unbewusst zu fassen; die Einheit des geistigen Wesens konnte genügen, um begreiflich zu machen, wie gewisse Zustände des unbewussten Theils zugleich Anfangs- oder Endpunkte eines immanenten Wirkens innerhalb des ganzen geistigen Wesens sein und somit auch bewusste Zustände zur Folge haben oder aus solchen hervorgehen konnten. — Da das bewusste geistige Leben nirgend mit transennter Wirksamkeit in die Aussenwelt hinübergreift, so könnte man das Gebiet des in dem Einen, dem unendlichen Wesen zusammenhängenden Wirkens von Wesen zu Wesen auf unbewusstes Geistesleben zu beschränken versuchen, und dementsprechend auch jenes Eine Wesen selbst als unbewusstes fassen wollen. Und dies ist denn auch in der That diejenige Weltanschauung, welcher Lotze nach der Abweisung des Materialismus sich zuwendet.

Allein es zeigt sich sogleich die völlige Unzulänglichkeit auch dieses Princips zur Erklärung des Weltlaufes. Man beruft sich vergeblich auf Analogien aus unserem eigenen endlichen Geistesleben, von dem unbewussten Schaffen des künstlerischen Genies und der „sittlichen Haltung„ als „unwillkürlicher Äusserung einer schönen Natur"[1]) herab bis zu den Instincten und Trieben, die wir selbst dem thierischen Leben zuschreiben. Denn zunächst kennen wir solche ‚unbewussten' Thätigkeiten nur an bewussten Wesen und auch an diesen nur im Zustande der Bewusstheit, und ist ihnen auch weder das Ziel

---

1) Vgl Mikr.: I. S. 131.

ihrer Thätigkeit deutlich bewusst, noch die Mittel zu seiner Erreichung, so kommt doch die ganze Thätigkeit überhaupt nicht zu Stande, wo nicht eine Concentrirung des Bewusstseins in bestimmter Richtung stattfindet, derjenigen, in welcher das Ziel thatsächlich liegt, das nachher erreicht wird. — So erwarten wir denn auch von den in solcher Weise ‚unbewusst' thätigen Wesen, dass sie wenigstens nach der Erreichung des Zieles das Zweckmässige, die Idee, die ungesucht Ausdruck gefunden hat, zu erkennen und mit dem Bewusstsein zu erfassen vermögen; und nur, sofern sie dies vermögen, rechnen wir ihnen die betreffende Thätigkeit als ihre eigene wirklich zu. Nur die zweckmässige Wahl und Anordnung der Mittel, deren das Wesen sich bediente, kann dunkel bleiben, — ganz wie in dem oben (S. 70 f.) erwähnten Beispiel, wo unser Wille den Arm bewegt, ohne dass wir von den Mitteln, durch die er dies erreicht, das Mindeste im Bewusstsein haben. — Hier jedoch geben wir eben auch einfach zu, dass nicht wir es sind, die selbstthäig die nervösen Bewegungscentra erregen, sondern dass ein Mechanismus, von dessen gesetzmässiger Wirksamkeit unser ganzes Dasein mit allen seinen Bethätigungsweisen getragen ist, uns zu Hilfe kommt. Und ganz ebenso verhält es sich mit all' den allgemeinen Verfahrungsweisen und letzten Grundsätzen unseres Denkens, sowie den Functionen unseres psychischen Mechanismus; sie alle sind nicht mit dem Bewusssein ihrer Zweckmässigkeit von uns gewählt, sondern werden mechanisch ausgeübt, vielfach sogar, ohne überhaupt je unmittelbar in's Bewusstsein zu gelangen; wir finden sie in uns vor, zu mannigfachem Gebrauch für eigene Zwecke uns überwiesen; aber nur diesen Gebrauch, den wir von ihnen machen, rechnen wir uns selbst zu; nur in ihm glauben wir wirklich selbst thätig zu sein.

Allein was uns, den endlichen Wesen, hier möglich ist, das Zurückgreifen auf einen uns übergeordneten nach eigenen Gesetzen fungirenden machanischen Zusammenhang der Dinge: eben dies wird unzulässig in Bezug auf das **unendliche** Wesen, **neben** und **über** dem es keine wirksame Macht, keinen Mechanismus mehr geben kann, welcher das ausführte, was das Unendliche nicht selbst vermöchte. Von **diesem** müssen wir verlangen, dass dasjenige, was es leisten soll, wirklich **von** ihm selbst **gethan** wird, nicht blos in ihm **geschieht**.

Noch weniger aber, als die unbewussten Thätigkeiten unseres Geistes, lässt sich dasjenige Thun dieses letzteren auf ‚Unbewusstes‘ übertragen, wodurch wir uns als **Einheit** zu fassen vermögen, und durch das allein wir in **Wahrheit einheitliche Wesen sind**[1]). Denn dieses Thun beruhte lediglich auf den geistigen Faktoren des Gedächtnisses und der Erinnerung, sowie der ‚**beziehenden Thätigkeit**‘, welche die vergangenen, nun erinnernden Momente mit den gegenwärtig bewussten verknüpft und so sie alle zugleich mit der Vorstellung des beständigen Ich zur Einheit zusammenfasst. — Dies alles vermag unser Geist aber nur, sofern er **bewusster Geist und bewusst thätig ist**. —

Endlich aber würde doch auch die Entstehung des **bewussten Geisteslebens** aus dem ‚Unbewussten‘ abzuleiten sein, wenn dieses als oberstes Weltprincip soll gelten können. Dem Einwurf, dass die Erfahrung keineswegs für die Entstehung bewussten Lebens unmittelbar aus schon vorhandenem bewussten spricht, sondern dass die Natur hier ganz andere Wege gewählt hat, würden wir kein Gewicht beimessen können; denn **hier** bleibt uns eben immer wieder das Zurückgreifen auf eine übergeordnete Macht, einen Naturzusammenhang, der für uns wirkt und schafft, der aber doch **selbst** seine Erklärung in einem höheren Zusammenhange, **im obersten Weltprincip**, sucht. Für das **Unendliche** ist uns dies Zurückgreifen auf Höheres abgeschnitten, und so würde die Entstehung bewussten Lebens aus ihm einer **anderen** Erklärung bedürfen. Nun hat es zwar nicht an Constructions-

---

1) Vgl. oben, S. 66 ff!

versuchen gefehlt, welche die Entstehung des Bewusstseins aus Unbewusstem anschaulich machen wollten; allein diese Versuche sind über völlig willkürliche Hinweise auf Analogien aus der Sinnenwelt nicht hinausgekommen. Ihnen allen steht entgegen, dass von einem ‚unbewussten' Geiste in keiner Weise sich begreiflich machen lässt, wie er zur Bildung oder Erschaffung zweckmässig organisirter Wesen überhaupt und vollends bewusster Geister befähigt sein soll, wenn wir nicht doch wieder in oder ausser ihm eine wirksame Nothwendigkeit, einen mechanischen Zusammenhang des Geschehens annehmen, nach deren Gebot in dem Unbewussten und **durch** dasselbe etwas geschieht, was doch nicht von ihm selbst **gewirkt** wird, ja auch nur sein Wesen, ihm selbst merklich, berührt. —

Ist nun nach alledem das ‚Unbewusste' unseres eigenen Geisteslebens, — das einzige, von dem wir eine Erfahrung besitzen, — als Analogie für Das, was wir als oberstes Weltprincip suchen, nicht zu gebrauchen, so bleibt immerhin noch die Möglichkeit, ein über alle Erfahrung hinausliegendes ‚Unbewusstes' anzunehmen, dem man zu allem dem, was es leisten **soll**, die Fähigkeit eben einfach **zuschreibt**.

Sehen wir von der einseitigen Bezeichnung des höchsten Princips als eines ‚Unbewussten' ab und fassen den hier hervortretenden Gedanken allgemeiner als das Bestreben, **in einem höheren gemeinsamen Grunde Geistiges und Materielles zu vereinigen**, so befinden wir uns in den Gedankenkreisen der **pantheïstisch**-monistischen Weltauffassungen, wie sie vor allem in Spinoza's und Schelling's Systemen Ausdruck gefunden haben. — Die hier versuchte Vereinigung jener beiden Seinsformen war eine letzte Möglichkeit, der materiellen Welt eine eigene Wirklichkeit zuzusprechen, nachdem ihr Anspruch, als **einzige** Wirklichkeit zu gelten, zurückgewiesen war.

Dennoch zeigen sich hier eine Reihe von Schwierigkeiten, welche keine der historischen Ausbildungen dieser

Lehre hat überwinden können. — Für Lotze war, wie wir gesehen haben, die Räumlichkeit der Dinge überhaupt nichts Wirkliches; es liess sich auf keine Weise angeben, was Ausdehnung für das Wesen selbst, dem sie zukäme, eigentlich zu bedeuten hätte; und ebenso wenig liess sich der leere Raum mit seinen geometrischen Beziehungen als selbständig Wirkliches ansehen, als objektiver Schauplatz des Geschehens. Diese und andere, hier nicht zu wiederholende Schwierigkeiten hatten ihn veranlasst, das räumliche Moment aus den Bestimmungen des Materiellen überhaupt zu entfernen. Ihm konnte also von vorn herein mit einer Erhebung der „Ausdehnung" zu einem ‚Attribute' des wahrhaft Seienden, der ‚Substanz', gar nicht gedient sein; — machte doch diese Erhöhung der Würde des Ausgedehnten die völlige Unfasslichkeit seines objectiven Daseins um 'nichts anschaulicher oder begreiflicher. — Allein auch ganz abgesehen von diesen speciell der Weltansicht unseres Philosophen angehörigen Bedenken leistete jener Monismus Spinoza's Das garnicht, was zu leisten er sich den Anschein gab: Es war und blieb unmöglich, zwischen räumlichen Beziehungen und geistigen irgend eine Vergleichbarkeit aufzufinden; und der oft wiederholte Satz: „ordo et connexio rerum idem est atque ordo et connexio idearum" konnte in letzter Instanz nur den Sinn haben, dass derselben ‚Modification' des einen Attributes immer eine bestimmt zugeordnete Modification des anderen entsprechen solle, und ferner derselben Aenderung der Modification des ersten immer dieselbe bestimmte Aenderung der zugeordneten Modification des zweiten Attributes[1]). Allein damit würde immer noch keinerlei Identität beider Attribute oder des Geschehens hier und dort gegeben sein; man erhält vielmehr nur eine Bezeichnung des Thatbestandes, dass ein Parallelismus zwischen geistigem und räumlichem Geschehen stattfindet. Das Ganze ist nur eine „logische Classification", an Stelle

---

1) Vgl. Met. v. 79: S. 339 f!

einer metaphysischen Theorie¹). Ueber den inneren Zusammenhang der beiden Attribute in der Substanz erfährt man nichts; die Einheit ist blos behauptet und ein Name für sie gegeben; in Wahrheit aber ist garnicht zu sagen, wodurch diese zwei ‚Attribute', deren vereinigendes Band nun doch einmal nicht aufgezeigt werden kann, eigentlich von zwei selbständigen Wesen oder Substanzen sich unterscheiden. — Sachlich also ist hier der Dualismus nicht überwunden, — auch nicht durch den beschwichtigenden Hinweis auf die Unzahl weiterer Attribute, die nur leider alle uns unbekannt bleiben. —

Schelling hatte deutlicher das Bedürfniss gefühlt, die Herkunft der beiden getrennten Gebiete aus Einer Wurzel nachzuweisen; allein auch ihm war es nicht gelungen, mehr, als eine blosse Benennung dessen zu geben, was hier allerdings gefordert werden musste, ohne doch angeben oder auch nur andeuten zu können, was denn nun jene Eine Wurzel selbst sei, und wie sie auf Grund dieser ihrer Natur das vollbringen könne, was ihr zugemuthet wurde. „Wie man sich dasjenige in concreto denken müsse, das weder Materie oder Geist sei, wohl aber etwas wäre, woraus diese beiden fliessen müssten, ist garnicht begreiflich zu machen, eine Vorstellung dieser Art besitzen wir nicht"²).

Wenn Schelling aber weiter dazu schreitet, in Gott etwas vorauszusetzen, „was noch nicht Gott selbst ist, einen dunklen Grund in ihm, der zu dem stoffartigen Stamme der Natur auswachse" u. s. w.³); so fällt er damit in den Dualismus zurück, der neben Gott als dem ‚höchsten Princip' noch ein für sich bestehendes Fatum annimmt, das in jenem ‚dunklen Grunde' waltet. Und dieser Dualismus wird auch dadurch um nichts gebessert, dass diese Nothwendigkeit hier

---

1) Ebenda S. 340.
2) Rel. phil. v. 77: § 26. Vgl. Gesch. d. Aesth: S. 121 f. und Streitschr.: S. 55. —
3) Mikr: I. S. 448. —

in Gott selbst hineinverlegt wird; denn immer bleibt sie doch eine von ihm unabhängige und ihn beschränkende Macht, ein Princip neben und über demjenigen, das man doch als das höchste fassen wollte. — Und in dem gleichen Dualismus bleibt auch E. v. Hartmann's ‚Unbewusstes' hängen. Auch über diesem schwebt als eigentlich Höchstes ein Fatum von dunkler Herkunft und ebenso dunkler Art der Existenz, demzufolge die grundmiserable Welt, die das enfant terrible, der Wille, in einem unbewachten Augenblick in's Leben gerufen hat, nun trotzig fortbesteht, obgleich das ‚Unbewusste', das in Wahrheit als ‚Ueberbewusstes', als ‚intellectuale Anschauung', als ‚hellsehende Intelligenz' gedacht werden soll, sich alle Mühe gibt, sie in den glücklichen Zustand des Nichtseins wieder zurückzubringen. —

Allein der prinzipielle Grundgedanke des pantheïstischen Monismus würde freilich noch immer nicht entscheidend widerlegt sein. Dass dies überhaupt unmöglich ist, gesteht Lotze selbst zu; denn es könnte ja sein, dass uns die concrete Anschauung des höchsten Prinzips überhaupt versagt wäre und wir uns zuletzt damit begnügen müssten, hier Postulate aufzustellen, ohne einen Weg angeben zu können, wie sie etwa erfüllbar wären[1]. — Wenn er aber trotzdem eine rein spiritualistische Gestaltung seiner Weltansicht vorzieht, so leitet ihn dabei neben allen metaphysischen Erwägungen auch noch eine andere Rücksicht, die er gelegentlich folgendermassen ausgesprochen: „Die beiden Entwickelungen . . der angenommenen ‚absoluten Substanz' in die reale Welt und in die ideale des geistigen Lebens erscheinen dem unbefangenen Gemüthe durchaus nicht gleichwerthig. Alles, was überhaupt Werth hat. oder was wir gut nennen. oder was sich als Zweck der Welt begreifen liesse. scheint uns einzig in der Form des geistigen Lebens möglich : wäre diese nicht in der Welt. so könnte sie sonst sein, wie sie wollte, sie würde in keiner Form ein Prädicat

---
[1] Rel. phil. v. 77: § 27. — ‚Vgl. Gesch. d. Aesth. S. 121).

ihres Werthes verdienen"[1]). — Das Streben nach einem ‚höchsten Prinzip' überfliegt sich selbst, bricht allen Maassstab des Höheren und Niederen hinter sich ab und verirrt sich ins völlig Sinnlose, sobald es die Begriffe, die wir als geistige, als ethische Wesen davon haben, negirt und ausdrücklich ein uns unerreichbar und unverständlich bleibendes Höchstes behauptet. Ein solches Herabdrücken des Werthes alles Endlichen gegenüber dem Einen Unendlichen kann zu keiner religiös-ethischen Weltansicht hinüberführen und ist eine weder theoretisch begründbare, noch praktisch irgend wozu nützliche metaphysische Curiosität. —

Nur kurz berühren wir endlich die Versuche, an die Stelle des gesuchten höchsten Prinzips des Weltzusammenhanges eine ‚Weltordnung' oder eine ‚Idee' zu setzen. Ersteres ist nur die Wiederholung des schon mehrfach zurückgewiesenen Gedankens, als könne es eine für sich bestehende Nothwendigkeit oder Ordnung des Geschehens geben, nach der das Wirkliche sich zu richten hätte. Die Voraussetzung einer ‚moralischen Weltordnung' theilt Lotze mit Fichte vollkommen; nur bestreitet er, dass man bei ihr, als dem letzten realen Grunde der Welt stehen bleiben könne. Wirksame Macht sein kann nur Dasjenige, dem wir ein selbstthätiges Wirken zuschreiben können. Und da ferner der Weltlauf ein fortwährend verändertes Geschehen darbietet, so dass bald dieser, bald jener Theil des Codex jener ‚Weltordnung' zur Anwendung käme, so müsste letztere auch reizbar sein für diese Veränderungen des Wirklichen, müsste zu leiden fähig sein. ‚Wirken' und ‚Leiden' aber sind die beiden Momente, durch die sich ein ‚reales Wesen' charakterisirt; und so kämen wir denn von dem abstracten, leeren Gedanken einer blossen ‚Ordnung' kurzer Hand wieder auf den concreten Begriff eines lebendigen ordnenden Wesens zurück, in dem und durch welches allein alle Ordnung wirksame Macht werden kann.[2])

1) Rel. phil. v. 77: § 27.
2) Vgl. Mikr. III: S. 564.

Und ebenso verhält sich's mit den Versuchen, das höchste Prinzip als blosse ‚Idee' zu fassen, und eine solche, — etwa die ‚Idee des Guten', — unmittelbar zu personificiren, zu einer ‚sich selbst wissenden Idee' zu stempeln. Eine jede Idee „bleibt immer die Angabe einer Denkformel, durch welche wir für unsere Reflexion den inneren Zusammenhang zwischen den lebendigen Thätigkeiten des Realen fixiren; das Wirkliche selbst ist das, was dieser Idee sich annimmt, den Widerspruch gegen sie als seine eigene Störung empfindet, ihre Verwirklichung als sein eigenes Streben unternimmt und will[1]". Der ‚Idee' in ihrer Unveränderlichkeit geht vor allem die Fähigkeit zu leiden ab; und nur ein veränderlich Leidendes und Zurückwirkendes kann in dem veränderlichen Weltlauf die Stelle des wirksam herrschenden obersten Princips einnehmen. — So würde also auch die ‚Idee' so wenig, wie die ‚Weltordnung' „der Wiederergänzung zu einem leidenden und wirkenden Wesen entbehren können[2]". —

Vergegenwärtigen wir uns noch einmal den Gang des Bisherigen: Wir gingen aus von dem Gedanken des Wirkungszusammenhanges der Dinge, der die allgemeine Voraussetzung alles unseres Thuns und Denkens ist; aber dieser Thatbestand war nur begreiflich, wenn alle Dinge, soweit zwischen ihnen jener Zusammenhang sollte stattfinden können, immanente Theile eines einheitlichen Wesens waren, und wenn so alles scheinbar transeunte Wirken zwischen ihnen in ein immanentes innerhalb des Einen überging. — Jetzt aber fragte sich's, wie denn nun jenes Wesen weiter zu denken war, damit es Das leisten konnte, was man von ihm voraus-

---

1) Mikr. III. S. 574.
2) Ebenda, S. 575. — Vgl. Rel. phil. v. 78—79: § 66. —

setzte, — damit also in Wahrheit von einem immanenten Wirken dieses Wesens die Rede sein konnte. Und hier genügte es nun nicht, ihm eine Einheit zuzuschreiben, die etwa nur für einen fremden Beobachter da war; sondern ausdrücklich musste jenes allumfassende Eine selbst sich als Einheit in seinen aufeinanderfolgenden Zuständen fassen können und dadurch als Einheit bewähren. — Und weiter: alles Wirkliche musste in jenem höchsten Princip seinen Grund haben; aber dies doch nicht so, dass es vermöge irgend einer unabhängig neben dem Höchsten bestehenden Nothwendigkeit nur in ihm geschähe oder aus ihm flösse, sondern vielmehr so, dass dies letztere überall selbstthätig, activ in allem Geschehen gegenwärtig war. Die Dinge, sowie die bewussten, persönlichen Geister sind daher ‚Actionen' des Einen, Unendlichen; und ebenso ist alles scheinbar von ihnen ausgehende, in die Wirklichkeit hinübergreifende Wirken in Wahrheit unmittelbare Thätigkeit des sie alle umfassenden Einen. — So bestand also die Natur des Höchsten, sein Verhältniss zur Welt durchaus in selbstthätiger Wirksamkeit, lebendiger Activität, der nirgend Grenzen gesetzt sein konnten, ausser solchen etwa, die es selbst sich setzte, und so lange es sie sich setzte.

Endlich versuchten wir es, einen Namen zu finden, der jenem Höchsten angemessen, der sein Wesen adäquat bezeichnete, so wie wir es den gewonnenen Bestimmungen gemäss voraussetzten. — Allein weder die ‚Materie', noch ein ‚Unbewusstes', weder eine ‚Weltordnung', noch eine ‚Idee' konnte uns hier irgend genügen; und auch die pantheistischen Constructionen gaben uns nicht mehr, als ein uns unverständliches ‚Absolutes', über dem immer noch ein dunkles Verhängniss von räthselhafter Herkunft und unangebbarer Daseinsform thronte. — Nur in Einem Beispiel fanden wir Das wirklich geleistet, was wir suchten: in unserem eigenen geistigen Leben, in der Selbsterfassung unseres ‚Ich' im Selbstbewusstsein: und zwar war diese Selbsterfassung hier nur durch solche Eigenschaften möglich, die specifisch dem bewussten Geistesleben eigneten und in keiner Weise auf bewusstlos Seiendes übertragbar waren. So bleibt uns denn keine andere Wahl: der consequente Abschluss aller bisherigen metaphysischen Erörterungen kann nur in der Anerkennung eines **selbstbewussten geistigen Wesens**, einer lebendigen Persönlichkeit als obersten Weltgrundes gefunden werden. Zwar lässt sich voraussehen, dass bei der Uebertragung des Persönlichkeitsbegriffes auf das Unendliche ein Theil der Eigenschaften, die wir an uns, den endlichen Geistern, kennen, hier in's Unbegrenzte gesteigert werden muss, ein anderer Theil, der nur die natürliche Folge unserer Endlichkeit, unserer beschränkten Stellung im Weltganzen ist, für das höchste Wesen garnicht in Frage kommen wird. Nicht unsere **beschränkte**, sondern das Ideal der **unendlichen, vollkommenen** Persönlichkeit ist es, das allein als Daseinsform des höchsten Wesens uns angemessen erscheinen kann; und es fragt sich nur noch, wie weit es möglich ist, dieses Ideal so zu bestimmen, dass durch die zu seiner Erreichung nothwendigen Modificationen und Steigerungen unseres endlichen Persönlichkeitbegriffes diesem doch der wesentliche Charakter nicht verloren geht, durch den das bedingt ist, was er uns ist.

Als solche wesentlichen Momente, an den **unsere Persönlichkeit** hängt, hat man vielfach auch die **Bedingungen ihrer Entstehung** namhaft gemacht: ‚Ich' sei nur möglich im Gegensatze zu einem ‚Nicht-Ich', in dem es wurzeln und an dem es sich entwickeln könne; und daher sei von dem Absoluten dieser Begriff abzuwehren, weil es für dieses kein ‚Nicht-Ich' gäbe[1]). — Sofern dies nun heissen soll, der Geist werde erst zur Persönlichkeit, indem er sich als ‚Ich' von einem ‚Nicht-Ich' unterscheidet, ist zu entgegnen, dass das hier erforderte ‚Nicht-Ich' jedenfalls nicht mehr zu sein braucht, als Das, was uns in den eigenen Vorstellungen, den **Zuständen** unseres ‚Ich' gegeben ist. „**Persönlichkeit** ist ein Geist

---

1) Vgl. Mikr. III, 569, sowie die Rel. phil-Diktate!

dann schon, wenn er im Gegensatze gegen seine eigenen Zustände... sich als das einheitliche, sie alle vereinigende Subject weiss, an welchem sie blos unselbständige Zustände sind"¹). Ueberhaupt ist ja unserm eigenen Bewusstsein nie etwas anderes gegeben, also diese innere Welt seiner Vorstellungen; der Gedanke der Aussenwelt, als Grund für den Inhalt jener inneren, ist ja nur Erzeugniss unserer Vernunft²).

Allein der Einwurf kehrt nun sogleich an anderer Stelle wieder: Für uns ist doch thatsächlich die erste Anregung unseres Vorstellungslaufes durch eine Wechselwirkung mit der Aussenwelt bedingt,³) hat also in einem objectiven „Nicht-Ich" ihren Grund; was soll nun für das unendliche Wesen hier an die Stelle treten? — Diese Frage jedoch beruht auf einer nicht berechtigten Voraussetzung, dass nämlich die für uns thatsächlich bestehende Bedingung der Entwickelung unserer Persönlichkeit, eine wesentliche und nothwendige Bedingung der Persönlichkeit überhaupt sei; offenbar haben wir es hier nur mit einer der Schranken unseres persönlichen Seins zu thun, die wir auf das Unendliche nicht übertragen dürfen. Wir, zur Wechselwirkung mit anderen Wesen bestimmt, um in ihr erst zur Persönlichkeit zu gelangen, bedürfen eines mechanischen Zusammenhanges der Dinge, den wir nicht erst selbst machen können, sondern der uns irgendwoher gegeben sein muss. Diesem zufolge entstehen in uns und unabhängig von uns Vorstellungen und Begriffe, die sich zu einem zusammenhängenden Weltbilde zusammensetzen, sowie Gefühle und Strebungen aller Art, welche jene Eindrücke der Aussenwelt begleiten. Aber in all' diesem mechanischen Geschehen in uns suchen wir doch noch garnicht Das, was unsere „Persönlichkeit" ausmacht, sondern erst in dem, was wir selbst-

---

1) Rel. phil. 78—79 § 31.
2) Ebenda.
3) Ebenda § 32.

thätig auf Grund jener ersten Anregungen mit Hilfe der uns zu Gebote gestellten Mittel anzufangen vermögen, — in Dem, was wir erstreben und wirken, sowie in den zwar nicht selbst erzeugten, aber doch auf Grund jener Selbstthätigkeit erst in uns entstehenden Gefühlen ästhetischen und moralischen Charakters. — Und Dies alles bleibt uns auch ohne erneute Einwirkungen der Aussenwelt; und zwar bleibt dieses Innenleben um so reicher und lebendiger, je vollkommener unser Ich sich zur ‚Persönlichkeit' entwickelt hat; so dass mit der höchsten Steigerung des Persönlichkeitsbegriffes ein vollkommen selbsterzeugtes Geistesleben nicht blos vereinbar erscheint, sondern für sie sogar als selbstverständlich erachtet werden muss; „das, was dem endlichen Geiste nur annähernd möglich ist, die Bedingtheit seines Lebens durch ihn selbst, findet schrankenlos in Gott statt, und es bedarf keines Gegensatzes zu einer Aussenwelt für ihn[1]". — Die Frage nach der ersten Anregung des geistigen Innenlebens dürfen wir also in Betreff des höchsten Wesens einfach abweisen; denn sie betrifft garnicht eine Bedingung der Persönlichkeit überhaupt, sondern nur die Mittel, durch die es geschehen kann, geistige Wesen in einen Wirkungszusammenhang mit anderen und mit der Welt zu bringen und ihnen die Entwickelung des in ihnen selbst liegenden Keimes zu ermöglichen. Für das Unendliche versteht es sich von selbst, dass es keiner ‚Entwickelung' erst bedarf, noch auch einer solchen unterworfen sein konnte, da es vielmehr selbst der Grund aller Entwickelung ist, und es vor und über ihm keine Weltordnung geben kann, nach deren Regeln es selbst sich erst hätte entwickeln müssen. Jeder Versuch, für das höchste Wesen eine Entwickelungsgeschichte zu geben, überschreitet nicht nur die Grenzen des Möglichen, sondern auch dessen, was Sinn hat, indem er über dem ‚Höchsten' inconsequenterweise wieder auf ein auch diesem noch übergeordnetes Recht des Geschehens zurückgreift, — ganz abgesehen davon, dass alle

---

[1] Mikr. III. S. 576.

solche Constructionen jeden ethisch-religiösen Werthes entbehren und nur nutzlose metaphysische Curiositäten sind.

An die Stelle des ‚Mechanismus‘ aber, der uns den Zusammenhang mit der Aussenwelt erschliesst und vermittelt, tritt bei dem Unendlichen der viel unmittelbarere Zusammenhang mit ihr, dass er selbst die bewusst thätige Ursache ihrer Wirklichkeit, ihrer Formen‘ wie ihrer Gesetze ist. Ihm also ist ein mühelos intuitives Anschauen und Wissen der ganzen Welt und alles Geschehens in ihr zuzusprechen, eine Erkenntniss der Dinge von innen heraus, während uns nur ein stückweises, durch die Arbeit des discursiven Denkens zu gewinnendes Erkennen möglich ist[1]). — Und endlich, das ‚immanente Wirken‘ des allumfassenden Einen, das uns so durchaus auf dem Grunde eines starr gesetzlichen mechanischen Zusammenhanges der Dinge zu ruhen scheint, ist in ihm selbst doch freie That; und all' die uns so feststehend, so selbstgenugsam scheinenden Gesetze jenes Zusammenhanges sind für das höchste Wesen doch nichts anderes, als selbstgewählte beständige Verfahrungsweisen, durch deren Ineinandergreifen die Bühne erst geschaffen wird, auf der ein Leben persönlicher Geister sich abspielen soll. —

Das metaphysische Verhältniss des ‚Ich‘ zum ‚Nicht-Ich‘ würde nach alledem kein einziges Moment enthalten, dem wir einen ernsten Einwurf gegen den Gedanken der Persönlichkeit des Unendlichen zu entnehmen hätten. Allein ein anderes Bedenken steht noch zurück: Es scheint uns der ethische Werth der Persönlichkeit in Frage gestellt, wenn es dabei bleiben sollte, dass ihr Leben, ihr Interesse ganz in eigenen Vorstellungen, in Productionen des Ich aufgeht, die nicht mehr sind, als solche. Zur Vollendung der Persönlichkeit gehört nach unserer Anschauung ein lebendiges Wechselverhältniss zu anderen Wesen, dessen inhaltvolle Beziehungen allein uns ein würdiger

---
1) Rel. phil. v. 63: § 27.³ und dto v. 77: § 33.

Gegenstand jener höheren Gefühle zu sein scheinen, in denen wir allen Werth eines geistigen Wesens zu suchen pflegen. — Wollten wir nun Gottes Willen selbst als die unmittelbare und einzige Ursache alles Geschehens annehmen, auch alles innerhalb der persönlichen Geister stattfindenden Innenlebens, so würde diese Ueberspannung des Gedankens der Selbstthätigkeit des Unendlichen in der That zu einer Vereinsamung seines Daseins führen, in welcher alle ethischen Prädicate der Persönlickeit untergehen müssten. Es würde jeglicher Inhalt für jene innere Gefühlswelt fehlen, die der Persönlichkeit des Unendlichen in gleicher Weise Werth verleihen könnte, wie wir es für die unsrige fordern[1]). — Allein nach dem Ergebniss unserer metaphysischen Ueberlegungen hinderte uns nichts, die persönlichen Geister mit eigener, immanenter Wirksamkeit, mit einem inneren Leben vorzustellen, dessen einzelne Acte nicht unmittelbar Handlungen oder Wirkungen des Unendlichen waren. Nur ihrer Möglichkeit nach mussten auch sie in jenem einen Weltgrunde ihre Wurzeln haben, — sofern die geistigen Wesen nicht anfanglos waren und doch auch nicht sich selbst schaffen konnten, sondern sich als geschaffene vorfanden, ausgestattet einerseits mit allerhand allgemeinen Thätigkeits- und Wirksamkeitsformen, anderseits aber auch mit dem Keime eines ihnen allein eignenden Characters, der sich in ihrem ganzen Leben überall als ein integrirender Factor geltend machen muss. Aber es konnte ihnen zu all' dem ganz wohl noch die ursprüngliche Fähigkeit mitgegeben sein, mit diesen ihnen überwiesenen Mitteln und innerhalb des von diesen ihnen gelassenen Spielraums völlig frei zu schalten und ein Leben zu führen, dessen einzelne Momente noch in keinem schon Gegebenen vorherbestimmt sind. — Und in diesen Folgerungen aus der Ergänzung, die wir in den metaphysischen Grundlagen der Weltansicht Lotze's nöthig fanden[2]), treffen wir denn auch

---

1) Vgl. Rel. phil. v. 78—79: § 34.
2) Vgl. oben. S. 48 f!

mit seiner eigenen Meinung wieder zusammen. So heisst es in der Religionsphilosophie von 75¹): „Nur dasjenige Reale besitzt die hier gemeinte ‚Selbständigkeit‘, welches im Stande ist, eigene Zustände zu haben, die unmittelbar nicht Zustände der ‚allgemeinen Substanz‘ sind, und Anfänge zu Vorgängen zu geben, die aus jener Substanz nicht fliessen. — Sehen wir uns nun um, wie diese abstracten Postulate erfüllt werden können, so finden wir nur eine Realität, welche sie wirklich erfüllt, nämlich das geistige Leben. Ein Wesen, welches sich selbst als einheitliches Subject zu seinen eigenen Zuständen empfindet und diese von den Zuständen anderer Wesen unterscheidet, mag zwar seiner ganzen Existenz nach durchaus nur Product des unendlichen Wesens sein. Nachdem es aber einmal ist, scheidet es sich eben durch die Form seiner Existenz, durch dieses sich auf sich selbst beziehende Bewusstsein, als ein eigenes ‚Ich‘ von diesem es reell bedingenden Absoluten aus, das nun ihm gegenüber mit zu dem ‚Nicht-Ich‘ gehört. Und durch diesen Act oder diese Form der Existenz besitzt es jene relative Selbständigkeit, die wir damit meinen, dass es ‚ausser‘ Gott sei". — Da Lotze weiterhin dem geistigen Wesen auch Freiheit zuspricht, so würde damit in der That alles gegeben sein, was wir hier forderten: das Unendliche hat nun eine Vielheit von Wesen sich gegenüber, die zwar nur durch seinen Willen sind und so sind, wie sie sich zeigen, die aber von diesem schaffenden Willen ausdrücklich so gewollt sind, dass sie nicht blos eine ihnen einmal mitgetheilte Bewegung automatisch fortsetzen, ein ihnen mitgegebenes Programm mechanisch herunterspielen, sondern dass sie selbstschöpferisch Neues erzeugen, das zwar seine nothwendigen Bedingungen in Vorangegangenem hat, durch dieses allein aber noch nicht hinreichend bestimmt ist. — In dem so geschaffenen unabhängigen Innenleben, dem lebendigen Wollen und Fühlen freier persönlicher Geister, ist nun auch für das

---

1) § 56.

Gemüthsleben des Unendlichen eine Quelle gegeben, wie wir sie suchten. Und damit wäre denn auch das letzte und vielleicht schwerste Bedenken beseitigt, welches uns abhalten konnte, dem metaphysisch gewonnenen Begriffe des Einen, des allumfassenden und allbegründenden Wesens ‚Persönlichkeit' zuzuerkennen. Es hat sich gezeigt, dass Alles, was uns an dem Begriffe unserer endlichen Persönlichkeit Werth hatte oder doch mit diesem Werthvollen in nothwendigem Zusammenhange stand, nicht nur überhaupt, sondern sogar in gesteigertem Maasse auf das Unendliche übertragbar war. Absehen mussten wir nur von denjenigen Eigenschaften unserer Persönlichkeit, welche die natürlichen Schranken derselben bezeichneten und lediglich ihre Entwickelungsgeschichte betrafen; und hier war nur darum die Uebertragung unmöglich, weil ihr Versuch überhaupt jeden Sinn verlor, wo sich's um den letzten, unbedingten Grund aller Entwicklung und Wirklichkeit handelte. —

Mit dem Erweis der Nothwendigkeit, das höchste, oberste Princip des Weltzusammenhanges als lebendiges, persönliches Wesen zu fassen, haben uns die metaphysischen Untersuchungen, deren Gange wir unter der Führung unseres Philosophen gefolgt sind, zuletzt der Form nach zu derjenigen Weltansicht zurückgeführt, in welcher das Gemüth von je allein volle Befriedigung gefunden hat. Allein noch immer fehlt diesem Begriff des höchsten Wesens, wie er bisher bestimmt wurde, ein lebendiger, uns verständlicher Inhalt! Wir verlangen noch, den Sinn dieses ganzen Aufwandes seiner ‚Actionen' und der von ihm geschaffenen persönlichen Geister zu erfahren. Und dieser letzte, höchste Sinn und Zweck des Ganzen muss ein solcher sein, dass in Bezug auf ihn die Frage absurd wird, warum gerade er und kein anderer der Schöpfung zu Grunde gelegt sei; —

denn sonst kämen wir immer wieder auf ein dunkles **Fatum** zurück, das nur **eben da ist** und gebietet, ohne dieses Dasein und Gebot weiter rechtfertigen zu können.

Als solcher höchste Zweck aller Wirklichkeit kann daher nur das **absolut Werthvolle** gelten, — und zwar in der Form, wie es uns absoluten Werth hat, nicht etwa nur nach der Versicherung eines Metaphysikers **haben müsste**. Wir können aber nur Das als werthvoll anerkennen, was sich unserem **Gefühl** als solches unmittelbar kundgibt, durch die **Lust**, die es erweckt, die ‚Seligkeit‘, die es wirkt[1]) Eben damit ist aber zugleich ausgesprochen, dass jenes Werthvolle doch **nicht in der erzeugten Lust selbst** gefunden werden kann, sondern nur in dem, was sie **erregt**, — und zwar **selbstverständlich erregt**, wenn nicht die alte Frage wiederkehren soll, warum gerade dies und nichts anderes mit Lust verbunden sein müsse. Das, was wir hier suchen, kann also weder die Realisirung irgend eines **Thatbestandes**, noch einer **Idee** sein, sondern kann nur in einer Gesinnung und Willensrichtung gefunden werden, die gerade jene Lust selbst sich zum Ziele setzt: in der lebendigen **Liebe** eines persönlichen Wesens, — dem ‚Liebewillen‘ Gottes[2])! — Und diese Liebe ist somit das **absolut Werthvolle**, das wir suchten, — das ‚Gute an sich‘[3]): „Sie, indem sie Wirklichkeit hat als eine Bewegung des ganzen lebendigen Geistes, welche sich selbst weiss sich fühlt und sich will, ist eben deswegen nicht nur eine formale allgemeine Bedingung, unter der irgend einem Anderen, das sie erfüllte, zukäme gut zu sein, ohne dass sie selbst es wäre; sondern sie ist das Einzige, das in eigentlichem Sinne diesen Werth hat oder dieser Werth **ist**, und alles Andere, Entschlüsse, Gesinnungen, Handlungen und besondere Richtungen des Handelns, trägt nur abgeleiteter Weise mit ihr denselben Namen ‚des Guten.‘" —

---
1) Vgl. Mikr. III. S. 614 f! Rel. phil. v. 78—79: § 66 ff! etc. —
2) Rel. phil. v. 78—79: § 66.
3) Mikr. III: S. 615.

Hierbei bleibt Lotze nun stehen; er begnügt sich, uns diesen Ausblick gezeigt zu haben, der sich von dem Gipfel seiner ganzen Weltansicht aus eröffnet. Allein in den hier angedeuteten Linien der uns gegebenen Perspective scheint noch eine Consequenz zu liegen, auf die wir zum Schlusse doch noch kurz hinweisen möchten: Auch die ‚Lust' nämlich ist immer noch ein vieldeutiger, relativer Begriff; und unser Fragen nach dem letzten Grunde, warum die schaffende Liebe gerade diese oder jene Lust der Geschöpfe sich als Gegenstand erwählt haben sollte, wird erst dann ein Ende nehmen, wenn diese gewählte Lust die denkbar höchste ist. — Anderseits nun wäre garnicht zu begreifen, warum das höchste Wesen die Lust oder Seligkeit von Geschöpfen sich zum Ziele gesetzt haben sollte, wenn die so bestimmte Richtung der schöpferischen Thätigkeit, die Liebe, nicht ganz unmittelbar höchste eigene Lust wäre, wenn es irgend eine noch höhere gäbe, die der schaffende Geist sich doch auch hätte wählen können, — wenigstens so lange er noch keine Wesen geschaffen hatte. Ueberdies würde auch jene Liebe des Schöpfers für die Geschöpfe selbst das beste ihres Werthes, all' ihre Wärme verlieren, wenn wir sie nicht ganz unmittelbar mit höchster Lust und Freude an ihrem Thun verbunden voraussetzen dürften, wenn es denkbar wäre, dass sie dem höchsten Wesen selbst gleichgiltig wäre oder auch nur gegen eine andere Lust, die es sich auch hätte wählen können, zurückstände. — Ist es nun aber so: erkennen wir die Gesinnung thätiger, wohlwollender Liebe als diejenige Lust an, über die hinaus keine höhere mehr denkbar ist, so wird auch umgekehrt die schaffende Liebe des Höchsten nicht blos Lust überhaupt, sondern eben diese höchste, selbstschöpferische Lust der Liebe in ihren Geschöpfen sich zum Zweck gesetzt haben; und in dieser Liebe mithin wird der eigentliche ‚Weltzweck', der letzte, höchste Sinn der ganzen Schöpfung zu suchen sein. —

Mit dieser Ergänzung der Lotze'schen Weltansicht würde auch für das Dasein des Uebels ein Schlüssel gegeben sein. Dass die Uebel in einer Welt, die nur auf passive, contemplative Lust angelegt wäre, kein Heimatrecht haben würden, dürfen wir dem Pessimismus ohne weiteres zugestehen. In einer Welt aber, wo die freudige, thätige Liebe der geschaffenen Wesen der Sinn des Ganzen ist, in einem ethischen Kosmos, widerspricht ihr Dasein dem schöpferischen Gedanken keineswegs. Auf Lust enthalten sie unmittelbar keine Anweisung; aber sie enthalten in der That ein sehr starkes Motiv, um die Gleichgiltigkeit der Wesen gegeneinander aufzuheben und ihnen, indem sie sie zu lebendigem Mitgefühl und thätigem Zusammenwirken aufrufen, ihre ethische Bestimmung nahe zu führen.

Vita.

Natus sum, Maximilianus Wentscher, in oppido Graudenz Bor. occ. d. XII. mensis Maii anno MDCCCLXII. — Fidem profiteor evangelicam. — Hamburgi primis literarum elementis imbutus, gymnasium ibidem adii, quod dicitur Johanneum: Autumno anni LXXXI maturitatis testimonium adeptus civis universitatum Berolinensis, Friburgensis, Lipsiensis, Halensis per decies sex menses studiis matheseos et physicae, deinde philosophiae operam dedi. — Magistri mei fuerunt
Berolinenses:
    Bruns, Droysen.
Friburgensis:
    Lindemann, Riehl, Warburg.
Lipsiensis:
    v. d. Mühl, Scheibner, Wiedemann, Wundt,
Halenses:
    Cantor, Dorn, B. Erdmann, Grenacher, Haym, Kraus, Lüdecke, Stumpf, Uphues, Wangerin.

Colloquiis et exercitationibus a. virr. ill. Dorn, Haym, Uphues, Wangerin interfui Halis. Praeceptoribus meis omnibus optime de me meritis gratias ago semperque habebo. —

Thesen.

I.
Durch das Gesetz von der Erhaltung der Energie ist die Möglichkeit einer Wechselwirkung zwischen Physischem und Psychischem nicht ausgeschlossen.

II.
Der Widerstreit zwischen der Annahme einer Freiheit der Einzelwesen und der Allwissenheit Gottes lässt sich durch das Zurückgreifen auf eine „Überzeitlichkeit" Gottes nicht aufheben.

III.
Für den Werth und die Bedeutung der sittlichen Begriffe ist ihre Entwickelungsgeschichte ganz gleichgiltig.

IV.
Lotze's Einwendungen gegen die Kant'sche Formel des kategorischen Imperativs (vgl. die Dictate zur „Praktischen Philosophie" von 78: § 5) treffen nicht die eigentliche Meinung Kant's.

V.
Der „dunkle Drang" in Göthes „Faust" (Prolog im Himmel) ist nicht, wie Düntzer will, als der „ahnungsvolle Trieb, der den Menschen unwillkürlich wieder auf den rechten Weg h i n lenkt", zu verstehen, sondern gerade als ein davon a b lenkendes Moment.